Navi

zur Traumfrau

So findest du die Richtige
von Yvonne Kandziora

Mein inspirierender Schreibplatz – am Strand von Penang in Malaysia

Das Buch ist entstanden:

Aufgrund der Männer, die ich in meinem Leben kennengelernt habe. Besonders während meiner Singlezeit ging ich gerne auf die Fragen aller Ratsuchenden ein. Sie haben mich mit diesem Thema konfrontiert und damit den Grundstein für dieses Buch gelegt.

Einer davon war **Claus,** ein liebenswerter Leidensgenosse, der jenseits der 40 wieder als Single lebte. Für ihn sind Frauen noch immer ein Buch mit sieben Siegeln. Er lud mich im Frühjahr 2013 zu sich nach Malaysia ein. Er inspirierte mich und gab mir den Mut, das bereits begonnene Manuskript bei ihm weiterzuschreiben.

Seine Worte beim Abschied: »Bringe das Buch auf den Markt. Die Männer brauchen deinen Ratgeber!« Mit dieser Motivation im Gepäck vollendete ich mein Werk im Dezember 2013.

FSC
www.fsc.org
MIX
Papier aus ver-
antwortungsvollen
Quellen
Paper from
responsible sources
FSC® C105338

Deutsche Erstausgabe April 2014
2. Auflage Nov. 2017

Die Deutsche Nationalbibliothek verzeichnet diese
Publikation in der Deutschen Nationalbibliografie;
detaillierte bibliografische Daten sind im Internet über
http://dnb.dnb.de abrufbar..

Illustratorin: Sissi Kandziora - www.leuchtquelle.de

Kontakt: mail@yvonne-kandziora.de
Homepage: www.yvonne-kandziora.de

Herstellung und Verlag:
BoD – Books on Demand, Norderstedt

ISBN: 978-3-7460-3585-7

Dein Navi

Lieber Leser, schön dass wir beide uns begegnen. Die Zeit ist reif, um nach vorn zu schauen. Lass uns das gemeinsam tun! Du bist Single und wünschst dir Zweisamkeit oder du fühlst dich trotz Beziehung einsam? Es fällt dir schwer deine Frau fürs Leben zu finden und sie glücklich zu machen? Da bist du nicht allein, es geht vielen Männern so. Besonders, wenn sie eine langjährige Beziehung hinter sich haben. Sie wünschen sich eine neue Partnerin, wissen aber nicht, wie sie die richtige Frau finden sollen. Geht es dir ähnlich? Vielleicht fragst du dich: »Was habe ich bisher falsch gemacht?« »Wieso wurde ich von meiner Frau verlassen?« Oder »wieso habe ich meine Traumfrau noch nicht gefunden?« Du willst wissen, wie du das ändern kannst? Ich werde dir helfen uns Frauen zu verstehen und verrate dir unsere Geheimnisse und Wünsche. Wenn dir zum Glück die Frau fehlt, dann lade ich dich gerne ein mit meiner Hilfe dein Ziel zu erreichen.

Meine Vita:

Ich lebe im Süden Deutschlands. Nach meiner kaufm. Ausbildung arbeitete ich viele Jahre als Sekretärin. Ich war verheiratet und habe eine Tochter. Als alleinerziehende Mutter kehrte ich wieder ins Berufsleben zurück.

In meiner Freizeit liebe ich es den Kontakt mit interessanten Menschen zu pflegen. Ich höre gerne zu und gemeinsam ist das Lösen von Problemen oftmals einfacher. Neben dem Schreiben liebe ich es zu tanzen, zu reisen und die Zeit zu genießen, was natürlich gemeinsam mehr Spaß macht.

Mehr Infos findest du auf meiner Homepage:
www.yvonne-kandziora.de

Inhalt

Vorwort   **17**

Navi zur Traumfrau - Dein Ratgeber - 17

Die Autorin – das unbekannte Wesen? 21

Das Navi kommuniziert mit Du 24

Ist das Navi für dich geeignet?25

Warum suchst du eine Frau? 25

    Du willst eine Frau für Spaß und Sex? 25

    Du willst einfach nicht alleine sein? 26

    Du willst eine Frau fürs Leben? 27

Wieso bist du alleine?...............................28

Bist du für eine neue Beziehung bereit? 31

Vor- und Nachteile einer Partnerschaft.....36

Jetzt ist die beste Zeit für einen Neustart...38

Navi-Einstellung mein Standort 40

Meine Wohnung..40

Meine Persönlichkeit....................................42

Meine Kleidung.................................... 47

Meine Allgemeinbildung 49

Meine Mutter - Sohn - Beziehung............. 50

Mein Selbstvertrauen............................. 53

Meine Bestellung im Universum 57

Navi-Einstellung meine Ziele   60

Meine Anforderungen an eine neue
Beziehung.. 60

Die häufigsten Frauen-Typen 61

    Hausfrauen Typ 61

    Kumpel Typ...62

    Sportlicher Typ..63

    Diva – Karriere Typ................................63

    Power Typ 65

    Status Typ 66

Passende Traumfrau 68

zur Autorin: Frauentyp und
gescheiterte Beziehungen........................ 73

Lerne wieder zu flirten! Du oder Sie?....... 74

Emanzipation der Frau - was ist damit gemeint?..76

Darf eine Frau einen Mann ansprechen?...79

Wie benehme ich mich richtig – Regel.......85

Wie erkenne ich, ob eine Frau Interesse an mir hat? 91

Das Navi startet 94

Das erste Treffen..94

SMS und Chatnachrichten 100

Interesse zeigen: ja – Kontrolle: nein........101

Sexualität bei einer neuen Beziehung 102

Wie will eine Frau den Sex erleben? 104

Ausgefallene Sexpraktiken 108

Gibt es Übereinstimmung beim Sex?.......108

Sexerfahrungen – Austausch unter Freundinnen?..110

Plan für das erste Mal 111

Wochenendbeziehungen 116

Kinder aus der vorherigen Beziehung.....117

Eigenen Kinderwunsch im reiferen Alter118

Wo finde ich nun meine Traumfrau? 120

Du bist alleine unterwegs 121

Du bist mit einem Freund unterwegs 123

Du bist mit Frauen unterwegs 124

Anzeigen in der Zeitung 128

Internet Plattformen 131

Frauen und ihr Alter 137

Was schenke ich meiner Traumfrau zu
Anlässen? 139

Wie verhalte ich mich, wenn sie mir
Geschenke macht? 141

Nenn deine Liebe beim Namen 142

Mach ihr Komplimente 144

Über Gefühle sprechen 145

Warum weinen Frauen? 147

Dürfen Männer weinen? 150

Meinungsverschiedenheiten 151

Wie halte ich eine Beziehung lebendig? .. 153

Eine zweite Chance 158

Warum wollen Frauen heiraten? 160

Was eine Frau sagt und was sie
damit meint.................................162

    Bereich Haushalt..........................162

    Freizeit..164

    Eigene Persönlichkeit...................164

    Geschenke....................................165

    Partnerschaft 167

Ich habe meine Frau verloren...................170

Die geheimen Erwartungen der
Autorin an einen Partner 172

Positiv zur Traumfrau finden...................173

Wahre Liebe hält gesund 174

Du hast dein Ziel erreicht!   178

Hilfe - ich habe mich in meine
Traumfrau verliebt....................................178

Schlusswort..183

Danke   186

»Schiffe stranden an Felsen,
menschliche Beziehungen
oft schon
an Kieselsteinen«

Edith Stein
*1891 †1942

NAVI ZUR TRAUMFRAU

- DEIN RATGEBER -

Willst du dein Single-Dasein in eine glückliche Beziehung verwandeln? Sind Frauen für dich ein Buch mit sieben Siegeln? Du hast verlernt zu flirten? Du träumst von tollem Sex? In deinem Kopf tummeln sich viele Fragezeichen und dein Herz ist orientierungslos?

Dann brauchst du dich nur auf mich einzulassen und das Navi mit mir zu starten. Ich verrate dir, wie Frauen heutzutage ticken, wie sie fühlen, was sie suchen und vor allem wie sie denken. Nach welchen Kriterien sie die Männer aussuchen. Warum sie ihre Männer nach vielen Ehejahren verlassen haben.

Ebenso entschlüssle ich das Rätsel darüber, was Frauen sagen und damit meinen. Wir Frauen haben unsere eigene Sprache. Je besser du diese verstehst, desto höher sind deine

Chancen, deine Traumfrau zu bekommen und auch zu behalten.

Ich zeige dir auch, wie du dich aus dem Männer-Dschungel hervorhebst und wie Frauen auf dich neugierig werden. Wie du zu deinem persönlichen Stil findest. Außerdem erkläre ich dir die häufigsten Frauentypen und wir beide schauen, welche die Richtige für dich ist. Wo du sie findest, wie sie sich in dich verliebt und wie du sie glücklich machen kannst.

Vielleicht bist du auch in einer Beziehung und ihr habt euch entfremdet? Du liegst nachts neben deiner Frau im Bett und fragst dich, warum sie sich von dir abwendet? Warum ihr seit Wochen keinen Sex mehr hattet? Ihr lebt nebeneinander und nicht mehr miteinander? Du willst das gerne ändern? Es ist nicht die Angst allein zu sein, sondern du hast noch immer Gefühle für sie? Dann gebe ich dir neue Ideen und Anregungen, wie ihr beide wieder glücklich werden könnt.

Ich zitiere in meinem Buch keine anderen Autoren und auf Statistiken habe ich weitgehend verzichtet. Ich schreibe über meine Erfahrungen und die vieler Frauen. Denn ich habe zwei Jahre zu diesem Thema recherchiert und mit vielen Singles gesprochen.

Deinen Leidensgenossen gab ich immer wieder Tipps und sie brachten mich auf die Idee dieses Buch zu schreiben.

Bevor ich nach Malaysia flog habe ich Christian, einen Musiker aus meinem Bekanntenkreis, von meinem Vorhaben über dieses Buch berichtet. Er schrieb mir daraufhin folgende SMS, die mich im Urlaub erreichte:

»Hey Yvonne, das klingt ja super gut, ist in dem Buch auch ein Navi eingebaut, das mich dann automatisch zur Traumfrau führt? Wenn Man(n) das Suchprofil erstellt hat ...lach ... ich hätte gerne: 90/60/90 und 1,80m groß ...bildhübsch...viel Sozialintelligenz – Geld ist unwichtig, sofern sie viel davon hat und sie muss jeden Tag Lust auf küssen, streicheln und geilen Sex haben ... so liebes Navi, wo lebt meine Traumfrau?«

Nun, ich habe zuerst über seine Nachricht sehr gelacht. Es war ja offensichtlich, dass es sich um eine Spaß-SMS handelte. Dann aber doch darüber nachgedacht, was die ersten Gedanken eines Mannes sind, wenn er von einem Ratgeber hört, der Wege zu seiner persönlichen Traumfrau aufzeigt. Und damit war der Buchtitel geboren: »Navi zur Traumfrau«

Was bedeutet das Wort »Traumfrau«?
Meine persönliche Definition lautet: Ein weibliches Wesen, das dir gefällt und vor allem auch wirklich zu dir passt! Also deine ganz persönliche Lebensgefährtin.

Sehr gerne begrüße ich auch alle Leserinnen. Ich kann gut nachvollziehen, dass die Frauen neugierig sind und gerne wissen möchten, was ich den Männern für Tipps verrate. In der Navigation spreche ich direkt mit der Männerwelt und bitte dafür um Verständnis. Natürlich wünsche ich auch allen Leserinnen viel Spaß beim Lesen meines Buches.

DIE AUTORIN – DAS UNBEKANNTE WESEN?

Ich verrate es dir! Ich denke, du hast das Recht zu wissen wer ich bin. Wenn wir gleich zu Beginn eine gemeinsame, vertrauensvolle Basis schaffen wollen, solltest du mich auch etwas kennenlernen dürfen.

Ich lebe seit August 2011 alleine. Nach meiner letzten fast 15jährigen Beziehung wurde ich unfreiwillig Single. Laut dem Statistischen Bundesamt lebt derzeit jeder 5. zwischenzeitlich in einem Singlehaushalt.[1] Bin somit voll im Trend und glücklich in der Gegenwart. Ehrlich gesagt, mal mehr und mal weniger. Die Vergangenheit habe ich bereits verarbeitet. Meine Zukunft möchte ich gerne anders gestalten. Das Singledasein ist für mich eine

---

[1] Staat. Bundesamt – Ergebnis des Mikrozensus 2011 – Begleitmaterial zur Pressekonferenz am 11.7.12 in Berlin

Zwischenstation. Ich schaue wieder nach vorn und stehe mit beiden Beinen im Leben.

Ich arbeite als Vertriebsassistentin in einem kleinen Unternehmen, gehe gerne tanzen und habe einen neuen Freundeskreis aufgebaut. Außerdem habe ich Spaß bei Aquagymnastik. Ich liebe die Sonne, das Meer und mache sehr gerne Urlaub. Ich finde das Leben wunderschön und bin immer neugierig, was mir der neue Tag bringt.

Lieber Leser, du weißt bestimmt auch, dass es einige Dinge im Leben gibt, die man zu zweit viel besser genießen kann. Zum Beispiel einen Sonnenuntergang am Meer, ein Abendessen bei Kerzenschein, das Feuerwerk zum Jahreswechsel oder kuscheln im Bett. Deshalb freue ich mich auf einen passenden Partner, der meine Nähe zulässt und mich vor allem wirklich liebt.

Ich schrieb schon immer gerne Gedichte, komponierte früher auch Lieder und habe vor zwei Jahren ein Buch über meinen Exfreund geschrieben. Damit verarbeitete ich unsere Trennung. Er war meine große Liebe. Das

Manuskript liegt in meinem Schreibtisch. Danach habe ich einen Roman begonnen - jedoch vor einem Jahr unterbrochen. Denn immer häufiger haben mich Männer und Frauen um meinen Rat in Beziehungsproblemen gebeten. Es wurde mir klar, die Männer brauchen einen Ratgeber, der sie informiert und hilft uns Frauen zu verstehen und das wirklich aus dem Blickwinkel der Frauen. Das Buch »Navi zur Traumfrau« bekam für mich oberste Priorität.

DAS NAVI KOMMUNIZIERT MIT DU

Das »Du« sehe ich als Möglichkeit, gleich von Anfang an ein vertrautes Verhältnis zwischen uns beiden zu schaffen. Ich denke, das ist wichtig! Du solltest Vertrauen zu mir haben und meine Ratschläge umsetzen. Ich helfe dir das Navi richtig zu programmieren. Du willst schließlich in die richtige Richtung starten. Nur dann kommst du auch ans Ziel **Traumfrau**! Eine Garantie kann ich dir nicht geben, aber glaube mir, die Chancen stehen gut! Deine Zeit ist zu wertvoll, um sie zu vergeuden.

Nun mein Freund wünsche ich dir viel Spaß beim Lesen und wer weiß, vielleicht beginnt ab hier ein Wendepunkt in deinem Leben! Denn **jetzt** ist immer der beste Zeitpunkt!

Mit den besten Wünschen

IST DAS NAVI FÜR DICH GEEIGNET?

WARUM SUCHST DU EINE FRAU?

Jetzt solltest du unbedingt ehrlich zu dir selbst sein. Hierbei stellen wir beide fest, ob mein Buch überhaupt für dich geschrieben wurde.

DU WILLST EINE FRAU FÜR SPASS UND SEX?

Du willst keine feste Bindung und auch keine Verantwortung für eine Frau. Du möchtest nur Spaß. Ab und zu freust du dich über einen schönen Abend. Willst eine Frau zum Essen einladen und danach Sex. Oder am besten gleich mit ihr ins Bett?

Dann brauchst du nur in eine Kneipe oder Bar zu gehen. Da gibt es immer auch Frauen, die das gleiche suchen. Einen One-Night-Stand und jeder geht wieder seines Weges. Wenn du das wirklich für den Rest deines Lebens so haben möchtest - dann rate ich dir zu anderen Büchern die Themen wie z.B. »wie bekomme ich schnell eine Frau ins Bett« behandeln. Es wäre schade, denn dann trennen sich hier bereits unsere Wege!

DU WILLST EINFACH NICHT

ALLEINE SEIN?

Siehst du eine Beziehung zu einer Frau als Zweckgemeinschaft? Nach dem Motto: Man könnte die Wohnungskosten teilen, gemeinsam kochen, Filme sehen und Musik hören. Man(n) ist nicht alleine? Also steht eine Frau für dich nicht im Vordergrund? Du willst dein Herz nicht verlieren?

Dann habe ich dir auch eine ganz einfache Lösung: Ziehe in eine Wohngemeinschaft. Hier kann man sich wunderbar ergänzen. Oder, wenn

du ein eigenes Haus hast, suche dir eine Unter-
mieterin. Ihr könnt euch arrangieren. Wäsche
waschen und Hemden bügeln gegen kostenfrei
wohnen? In diesem Fall brauchst du eine
Zeitung um Inserate zu lesen. Leider nicht mein
Buch. Dann wünsche ich dir alles Gute. Du hast
dich für diese Lebensform entschieden.

DU WILLST EINE FRAU FÜRS LEBEN?

Wenn du diese Frage mit **ja** beantwortest, dann
herzlichen Glückwunsch! Für dich habe ich
dieses Buch geschrieben. Du hast den ersten so
wichtigen Schritt getan und hältst mein Buch in
deinen Händen. Du bist auf dem richtigen Weg.
Komm lass uns gleich beginnen!

Erstmals ist es wichtig zu wissen, wie deine
augenblickliche Situation ausschaut. Also klären
wir, wieso du momentan alleine bist.

Vielleicht verstehst du nicht, warum ich
dich das frage. Bevor du ein Haus baust, prüfst

du auch zuerst, ob das Fundament dafür geschaffen ist. Oder? Auch eine neue Beziehung braucht ein Fundament. Ansonsten fällt sie wie ein Kartenhaus in sich zusammen.

WIESO BIST DU ALLEINE?

Ich denke, dass du nicht gerade die Pubertät hinter dir gelassen hast und deine erste große Liebe finden willst. Denn in diesem Alter steht einem die Tür zur Frauenwelt in der Tat noch offen. Da gibt es die hübschen Mädels aus der Schule, der Uni oder bei den Jugendtreffs. Man lernt sich ganz ungezwungen kennen. Wirft sich Blicke zu, das Herz pocht und die ersten Berührungen sind wunderschön. Das genießen beide. Und so entsteht langsam eine feste Bindung und die beiden werden ein Paar. Du weißt wovon ich spreche? Du denkst, woher kennt sie meine Geschichte?

Irgendwann hast du deine Traumfrau geheiratet und ihr habt eine Familie gegründet.

Alles schien im Lot zu sein. So ging das über einige Jahre, vielleicht sogar Jahrzehnte. Doch irgendwann - häufig zwischen 40 und 55 Jahre - bist du wieder allein. Die Kinder sind aus dem Haus und oftmals zieht die Frau gleich mit aus. Vielleicht in eine eigene Wohnung oder zu ihrem neuen Freund.

Vor lauter Arbeit und Geld verdienen hast du vergessen, dass deine Frau nicht nur finanziell versorgt sein wollte, sondern auch deine Nähe, Aufmerksamkeit, Wertschätzung und Liebe suchte. Du dachtest immer, alles sei in Ordnung und weißt mitunter bis jetzt nicht einmal, warum sie ausgezogen ist.

Oder es wurde dir in der Ehe selbst lang-weilig. Du hast beruflich deine Ziele erreicht, die Kinder sind ausgezogen und du bist zur Erkenntnis gelangt, dass immer auf der anderen Seite das Gras grün ist. Du hattest das Gefühl, etwas in deinem Leben zu verpassen? Eine Geliebte sollte dir neuen Schwung ins Leben bringen? Die Situation ist eskaliert. Frau und Geliebte sind weg?

Natürlich gibt es auch noch die traurigste Variante, dass deine Frau gestorben ist. Einen geliebten Partner auf diese Weise zu verlieren ist tragisch. Man braucht eine gewisse Zeit diesen Verlust zu verarbeiten.

Es gibt also verschiedene Ursachen, warum du derzeit alleine bist. Ich mache keine Bewertung, ich will nur feststellen, ob jetzt die Zeit reif ist, eine neue Beziehung einzugehen.

BIST DU FÜR EINE NEUE

BEZIEHUNG BEREIT?

Wie sieht es in deinem Herzen aus. Hast du die zurückliegende Beziehung verarbeitet? Hast du die Tür der Vergangenheit zugeschlossen? Denn nur dann kann eine neue Tür für dich aufgehen, wo du deine Traumfrau finden wirst. Sollte das nicht der Fall sein, dann brauchst du noch etwas Zeit und ich rate dir, suche dir neue Aktivitäten. Wofür interessierst du dich? Sprachen, Fotografie, Film, Tanz, Sport - schaue was dir Spaß macht. Lenke dich ab und geh unter die Leute. Du kannst mit Kumpels in die Bierkneipe um die Ecke gehen oder Neues lernen, das deinen Horizont erweitert. Hauptsache es macht dir Spaß und bist mit Freude bei der Sache.

Es ist wirklich wichtig, dass du deine letzte Beziehung verarbeitet hast. Wenn du von einer Frau gleich zur nächsten gehst, ist dein Herz nicht frei. Sie ist dann nur Mittel zum Trost - eine Überbrückung. Diese Verbindungen halten in der Regel nicht. Es ist besser, wenn du eine Zeit alleine bleibst und dann ohne Altlasten deine Traumfrau kennenlernst.

Wenn du mit der letzten Trennung nicht alleine klar kommst, wende dich an einen Psychologen. Frauen haben schon lange den Mut, sich in schwierigen Lebenssituationen einem Arzt anzuvertrauen. Aber bis Männer zu diesem Schritt bereit sind, denken sie vielleicht zuerst daran, sich das Leben zu nehmen. Deshalb spreche ich dieses Thema an. Ich kenne in meinem unmittelbaren Umfeld vier Selbstmordversuche von Männern. Und zwei davon endeten tödlich. Glaube mir, keine Frau ist es wert, dass du soweit gehst. Deshalb hole dir - falls auch du davon betroffen bist - rechtzeitig Rat bei einem Arzt. Du solltest nicht warten, bis du in Depressionen verfällst. Also nimm dein Leben in die Hand. Viel zu kostbar ist deine Lebenszeit. Die Vergangenheit ist vorbei. Du kannst nur in der Gegenwart leben. Träume von einer schönen Zukunft. Nutze jeden Tag, er hat 24 Stunden und wartet nur darauf von dir gelebt zu werden. Wenn ich morgens aufwache ist mein erster Gedanke: Heute ist ein schöner Tag. Ich mache etwas aus diesem Tag. Er soll wunderbar werden. Fange an so zu denken. Probiere es mal aus. Ich habe gelernt, das Leben in Augenblicken zu genießen und erfreue mich auch an kleinen Wundern des Lebens. So sitze ich im Sommer gerne nach meiner Arbeit auf meinem Balkon und schaue mir die Pflanzen an, die ich liebevoll pflege und verfolge, wie neue Blätter und Blüten entstehen. Oder ich gehe an den nahegelegenen See mit Biergarten. Hier verweile ich in einer Liege, trinke einen Cappuccino und schaue auf den See. Dabei kann ich wunderbar abschalten und neue Energie tanken. Meinem Lebensgefährten habe ich längst in meinem Herzen verziehen. Ich wollte die Tür zu ihm schließen und das ging nur, indem ich ihm verziehen habe. Das heißt nicht, dass ich gut finde, was er getan hat. Nein im Gegenteil. Aber ich habe jetzt mein Herz wieder frei.

Mache dir bitte über deine gegenwärtige Situation Gedanken. Bist du befreit von

Altlasten? Trauer, Wut und Rache - solche Gedanken müssen aus deinem Herzen und aus deinem Kopf. Kannst du im Augenblick leben? Oder denkst du während du etwas machst, schon wieder an das, was du später machen wirst? Oder lebst du immer wieder in der Vergangenheit? Du versäumst das gegenwertige Leben, wenn du zu oft an gestern und morgen denkst. Übe im Jetzt zu sein! Hierzu gebe ich dir ein einfaches Beispiel:

Nimm dir etwas Zeit und mach es dir gemütlich. Schaue dabei nicht schon wieder auf die Uhr! Dimme das Licht oder zünde dir ein paar Kerzen an, wenn du magst höre deine Lieblingsmusik, setze dich in deine gemütliche Sitzecke und genieße dein Lieblingsgetränk. Du hast dir eine Wohlfühloase geschaffen. Du bist in Gedanken im bewussten Augenblick. Denk in diesem Moment an nichts anderes und spür dich selbst. Freu dich! So kannst du wunderbar Kraft und Mut tanken.

Mach diese Übung etwa eine halbe Stunde einmal in der Woche, dann fährt dein Körper niemals auf Reserve. Soviel Zeit sollte dir dein Leben wert sein. Das ist wichtig! Selbst ein Rennwagen braucht ab und zu einen Boxenstopp! Probiere diese Übung aus. Wie fühlst du dich danach?

VOR- UND NACHTEILE EINER PARTNERSCHAFT

Du weißt bestimmt, dass eine Partnerschaft einzugehen auch gegenseitige Rücksichtnahme voraussetzt und die Bereitschaft vorhanden sein muss, Kompromisse zu schließen. Es macht keiner Frau Spaß einen Egoisten an ihrer Seite zu haben. Deshalb braucht eine Beziehung kein »Egodenken« sondern ein »Wir - Denken«. Wenn du schon lange alleine lebst, ist das natürlich eine Umstellung für dich. Es wird dir zu Beginn einer neuen Beziehung nicht immer leicht fallen, Rücksicht zu nehmen. Glaub mir, es lohnt sich jedoch!

Denk nur einmal daran, wie es sich anfühlt abends mit einer Frau im Arm zu kuscheln, tollen Sex zu haben und glücklich einzuschlafen. Morgens wachst du auf, spürst ihren Körper und fühlst ihre Haut. Sie öffnet ihre Augen, schaut dich an und küsst dich zärtlich. Das ist doch ein toller Anfang für einen neuen Tag. Stell dir das vor, als hättest du deine Traumfrau schon gefunden. Es fühlt sich gut an – stimmt's? Und schließlich liest du dieses Buch und ich kann davon ausgehen, dass du dich auf deine neue Partnerin an deiner Seite freust.

Glaub mir, fast alle Menschen wurden im Laufe ihres Lebens enttäuscht und verletzt. Ich kenne auch Männer die mir sagten: »Ich möchte gerne eine Frau an meiner Seite, aber ich bin nicht mehr bereit richtig zu lieben. Zu groß waren die Verletzungen, die ich hinter mir habe.« Das finde ich jedoch nicht fair einer neuen Partnerin gegenüber. Sie hat diese Haltung nicht verdient. Du willst ja schließlich auch von ihr geliebt werden.

Deshalb lass dich wirklich wieder auf diese Beziehung ein. Es gibt nichts Schöneres als Glücksmomente, die du nur empfinden kannst, wenn du dich ganz auf deine neue Freundin einlässt. Es lohnt sich wirklich!

JETZT IST DIE BESTE ZEIT FÜR EINEN NEUSTART

Warum? Ganz einfach, ich sage es dir.

Du hast die Teenagerzeit hinter dir, deine Jugendliebe geheiratet, eine Familie gegründet und bist beruflich durchgestartet. Du warst immer unter Druck, um deine Lebensplanung und deine Ziele zu verwirklichen. Vielleicht hast du auch ein Haus gebaut und einen Baum gepflanzt. Diese große Verantwortung liegt nun hinter dir.

Du lebst jetzt wieder allein, hast an Lebenserfahrung gewonnen und bist in den besten Jahren. Deine Kinder sind schon groß oder gar erwachsen und du willst deine Freizeit mit einer neuen Partnerin erleben. Das sind doch wunderbare Voraussetzungen. Der ganze Druck aus den Jugendjahren ist vorbei. Du stehst jetzt am Start einer neuen Ära. Du hast die Möglichkeit, endlich das Gefühl - angekommen zu sein - zu empfinden. Mit einer neuen Partnerin - deiner persönlichen Traumfrau!

Mit der passenden Lebensgefährtin wirst du noch viele wunderschöne Jahre verbringen. Das Leben wirklich leben. Bewusst im Jetzt und ohne Stress. Also freue dich auf deine Zukunft. Und mit meinem Ratgeber wird dir das gelingen.

Bist du bereit? Dann kannst du das Navi jetzt einschalten! Wir werden bei deinem Standort beginnen. Sei nicht ungeduldig. Die Strecke ist überschaubar und bringt dich auf direktem Weg ans Ziel.

NAVI–EINSTELLUNG MEIN STANDORT

MEINE WOHNUNG

Würde sich eine Frau in meiner Wohnung wohlfühlen?

Schauen wir uns deine Wohnverhältnisse an. Es ist egal wo du wohnst. Aber es ist nicht egal, in welchem Zustand sich deine Wohnung befindet! Was würde ich vorfinden, wenn ich zu dir zu Besuch käme?

Bevor du eine neue Frau in deiner Wohnung empfängst, rate ich dir zu einer gründlichen Reinigung. Putze deine Vergangenheit aus deinen Räumen! Am besten fängst du mit dem Bett an. Wenn du es nicht ersetzen willst, solltest du dir neue Matratzen und Bettwäsche kaufen. Trenne dich von sämtlichen Dingen, die an deine Ex erinnern. Du willst ja mit Sicherheit nicht ihr Kuscheltier auf dem

Nachttisch ansehen, während du deine neue Liebe im Arm hältst.

Deine restliche Wohnung solltest du ebenfalls von Fotos und Erinnerungen deiner Verflossenen befreien und entsorgen. Wenn du das nicht möchtest, dann mache die Fotos, Kuscheltiere etc. in einen Karton und stelle ihn in den Keller. Das ist auch wichtig für deinen seelischen Zustand. Ein paar Kerzen im Wohnbereich lassen eine romantische Stimmung aufkommen, außerdem kannst du mit neuen Kuschelkissen auf dem Sofa farbliche Akzente setzen. Wenn du Blumen magst, kaufe dir ein paar Pflanzen. Damit schaffst du eine wunderbare neue Atmosphäre.

Deine Küche sollte - zumindest auf den ersten Blick - ordentlich erscheinen. Das schaffst du ganz einfach. Verstaue so gut es geht alles - bis auf die Kaffeemaschine und den Wasserkocher - in deinen Küchenschränken und Staufächern. Lass auch kein schmutziges Geschirr herumstehen. Stell auf die Ablagefläche eine schöne kleine Pflanze oder eine Vase mit frischen Blumen. Angeschlagenes und altes unansehnliches Geschirr entsorge am besten gleich. Serviere keine Drinks in verkratzten Gläsern. Bring den Müll bitte aus der Wohnung, bevor er zu muffeln anfängt!

Das Bad solltest du sehr genau unter die Lupe nehmen. Stell dir vor, deine Traumfrau kommt dich besuchen und will sich gerne bei dir frisch machen. Diese Situation musst du auf jeden Fall einplanen. Dass ein Mann auch eine WC-Bürste und Reinigungsmittel benutzt, weißt du bestimmt. Eine saubere Toilette ist also etwas ganz normales.

Und ein wichtiger Tipp: Der WC-Deckel muss geschlossen sein. Darauf legt eine Frau besonderen Wert.

MEINE PERSÖNLICHKEIT

Bin ich für eine Frau attraktiv?

Du willst eine hübsche Frau? Frauen wollen gepflegte Männer! Eine Frau hat be-

stimmte Vorstellungen von einem Lebenspartner. Einerseits soll er attraktiv und gepflegt
sein, andererseits aber auch Charakter und
Charisma haben. Beides ist für eine Frau gleich
wichtig.

Es kann durchaus sein, dass du eine tolle
Figur hast, deinen Körper pflegst, regelmäßig ins
Fitness-Center gehst und einen Kleiderschrank
vorweisen kannst, wo andere vor Neid er-
blassen. In diesem Fall kannst du selbstverständlich den folgenden Abschnitt überspringen.

Wenn dies jedoch nicht der Fall ist, dann
möchte ich dir gerne helfen, zu deinem persönlichen Stil zu finden. Wichtig ist, dass du dir
selbst treu bleibst. Du sollst dich in deiner Haut
wohl fühlen. Aber schauen wir mal, was du
gerne ändern willst.

Du bist ein Mann in den besten Jahren.
Beruflich bedingt hast du vielleicht nur wenig
Bewegung. Deshalb wäre Sport eine wunderbare
Alternative zum abendlichen Fernsehen. Deine
Zukünftige wünscht sich einen vitalen Mann.
Also brauchst du Kondition. Auch im Bett!

Ausdauer beim Sex - das macht dir und deiner neuen Partnerin Spaß. Wenn du schon regelmäßig Sport treibst, ist das eine tolle Voraussetzung. Aber wenn nicht überlege dir, was du machen willst. Einem Sportverein beitreten, lieber ins Fitness Center, regelmäßig schwimmen oder joggen gehen? Du kannst dir auch zu Hause eine Sportecke einrichten. Trage dir dann jedoch feste Zeiten in deinen Terminkalender ein. Ein bis zwei Mal in der Woche - ab sofort - solltest du dir Zeit für deine sportlichen Aktivitäten nehmen. Außerdem kommen Herz und Kreislauf in Schwung. Du fühlst dich rundum wohl. Solltest du etwas Übergewicht haben, wirkt sich dein Training auch hier positiv aus. Du brauchst es nicht gleich zu übertreiben. Eine halbe bis eine Stunde zweimal wöchentlich reichen völlig aus. Wichtig, dass du bei deinen sportlichen Aktivitäten Freude hast. Deshalb wünsche ich mir, dass du keine Ausreden benutzt, wie »ich habe für Sport keine Zeit, ich bin müde nach der Arbeit.« Ich werde es natürlich akzeptieren. Aber du machst dir damit keinen Gefallen. Deshalb meine Bitte an dich, versuch es und gib nicht gleich wieder auf. Dein Hausarzt freut sich beim nächsten Gesundheits-Check.

Einen weiteren Vorschlag von mir: Mach einen Termin bei deinem Frisör und sag dieses Mal nicht »wie immer bitte« sondern lass dich beraten. Vielleicht änderst du den Haarschnitt oder du machst dir ein paar Strähnen in deine Haare. So wirkst du frischer. Viele Männer tragen einen sehr kurzen Haarschnitt. Ich nenne die Frisur »Igelschnitt«. Natürlich hat Man(n) nach dem Duschen gleich trockene Haare und benötigt keinen Fön. Aber wenn du schönes volles Haar hast, dann sei stolz darauf und gib deinem Frisör die Möglichkeit kreativ zu sein. Hab den Mut zu einem tollen neuen Schnitt. Solltest du jedoch fast keine Haare mehr haben, versuch es mit einer Glatze. Schnurrbart ist ein absolutes No-go. Wenn du einen Bart hast, muss er immer ordentlich gepflegt aussehen. Graue Bärte lassen Männer älter wirken. Überleg dir, ob er bei der Frauenwelt gut ankommt.

Eventuell wäre es besser, wenn du ihn mal wegrasierst. Wie gefällst du dir?

Buche auch einen Termin bei einer Kosmetikerin. Mein Tipp: Lass dich mal mit einer wohltuenden Gesichtsbehandlung verwöhnen. Sie hat auch einen Blick für zu viele Augenbrauen. Du wirst feststellen, wie herrlich entspannend eine Gesichtsmassage sein kann.

Heutzutage rasieren sich fast alle Frauen die Achselhaare. Ich denke, das gefällt dir! Viele junge Männer ebenfalls. Bei der reiferen Männergeneration ist das noch nicht üblich. Deshalb gebe ich dir den Tipp: Rasiere dir die Achselhaare. Besonders im Sommer, wenn du baden gehst und mit Achsel-Shirts unterwegs bist, kommen die Haare nicht besonders gut an. Du wirkst viel gepflegter und immer mehr Frauen gefällt es.

Den Intimbereich kannst du trimmen, also auf eine bestimmte Haarlänge bringen. Deine Finger- und Fußnägel sollten gepflegt sein. Außerdem gebe ich dir den Rat, deinen Körper von einem Hautarzt checken zu lassen. Schau dir auch deinen Rücken an. Haare, Pickel oder gar hässliche Warzen solltest du entfernen lassen. Widme dir also genügend Zeit für deine Körperpflege.

Achte auf deine Zähne und deinen Atem! Mundgeruch turnt ab. Nichtraucherinnen mögen beim Unterhalten keinen Rauchgeruch. Wenn du Kaugummi benutzt, solltest du nicht vor ihr kauen. Das machen Jungs aber keine Männer.

Deo ist selbstverständlich. Wir Frauen lieben Parfum. Aber verwende es sparsam.

MEINE KLEIDUNG

Ist meine Kleidung noch zeitgemäß? Komme ich mit meinem Stil bei den Frauen an?

Jetzt sind wir bei deinem Kleiderschrank angekommen. Passen deine Hosen noch zu deinem Körper? Oder trägst du die Hose weit unter dem Bauch mit einem Gürtel zugeschnürt und du glaubst, ein weites Hemd darüber kaschiert alles. Und eine Frau steht auf so ein Outfit? Ich will dich nicht verletzen, aber ich will ehrlich zu dir sein und dir die Augen öffnen!

Deshalb mein Vorschlag: Schau in deinen Kleiderschrank! Was ist noch zeitgemäß, was gehört in den Container. Z. B. Sandalen und weiße Tennissocken mit Dreiviertelhosen. Kaufe dir gegebenenfalls Neues. Lass dich von einer guten Freundin oder von einer Verkäuferin im Geschäft beraten. Traue dich ruhig in modische Jeans und trendige Hemden. Ich habe nichts gegen Karohemden. Derzeit sind sie in Mode und sehr viele Männer tragen welche. Aber du willst dich von der Masse etwas abheben. Es gibt so tolle uni oder dezent gemusterte Hemden, die ausgefallene Schnitte haben. Wenn du schlank bist, trage das Hemd oder Shirt auch mal in der Hose und ziehe einen tollen Gürtel dazu an. Passende Schuhe und ein Sakko oder eine Jacke zu deinem Stil. Heb dich von der restlichen Männerwelt ab. Auch in XL-Größen gibt es vorteilhafte Kleidung.

Wichtig ist: Fühl dich in deinem Outfit wohl. Und mit einem aufrechten Gang sieht dein Look noch besser aus. Du hast eine wunderbare Ausstrahlung und die Frauen werden sich nach dir umsehen. So gefällst du mir auch!

MEINE ALLGEMEINBILDUNG

Wie gut ist meine Allgemeinbildung?

Mein Tipp: Interessier dich für die täglichen Nachrichten! Eine Frau wünscht sich einen Mann, der sich nicht nur in Fußball auskennt, sondern in der Lage ist, sich mit ihr auch über Politik und Wirtschaft zu unterhalten. Ja, Frauen bewundern kluge Männer. Ich habe Männer kennengelernt, die sich abends durch einige TV-Programme navigieren und über die täglichen Soaps super informiert sind, jedes Fußballspiel anschauen und natürlich Formel eins nicht verpassen wollen. Wenn du dich hier wiedererkennst, möchte ich dir gerne raten, deinen Wissensstand zu erweitern.

Welche Fremdsprachenkenntnisse hast du? Vielleicht kannst du sie in einem Kurs ausbauen. Ebenso ist es heute wichtig, dass man einen PC bedienen kann. Oder zumindest in der Lage ist, im Internet zu surfen. Es gibt immer noch Männer, die das nicht können. Oftmals verlässt sich der Mann in diesem Punkt gerne auf die Ehefrau. Aber was ist, wenn die Frau ihren Mann verlassen hat? Es gibt in jeder Stadt VHS-Kurse. Frisch deine Sprachkenntnisse auf oder lern eine neue Sprache und ganz wichtig, du solltest EDV - Grundwissen erlernen. Ganz nebenbei bemerkt, bei diesen Aktivitäten bieten sich auch tolle Möglichkeiten eine Frau kennenzulernen.

MEINE MUTTER - SOHN - BEZIEHUNG

Habe ich mich von meiner Mutter abgenabelt?

Vielleicht denkst du jetzt: Ich habe mich als Baby von der Mutter abgenabelt. Das meine ich jedoch nicht. Ich spreche von der Mutter-Sohn-Bindung. Eine Mutter hat in der Regel eine sehr enge Beziehung zu ihrem Sohn. Töchter suchen mehr die Nähe zu ihren Vätern. Das ist meistens so. Eine Mutter sollte ihren Sohn zu einem jungen, selbstständigen Mann erziehen und ihn dann loslassen. Oftmals schaffen oder wollen dies die Mütter jedoch nicht. Besonders, wenn der Vater verstorben ist und die Mutter alleine lebt. Sie gibt ihrem Sohn das Gefühl, dass er für sie da sein muss. Die Mutter denkt nur an sich. Das ist eigentlich sehr traurig. Sie gönnt ihrem eigenen Sohn kein eigenes Glück, keine eigene Liebe zu einer Lebenspartnerin oder gar eine Ehe. Sie hat an jeder Frau, die er ihr vorstellt etwas auszusetzen. Schließlich will sie ihren Sohn für sich alleine haben.

Ich war vor ein paar Monaten mit ein paar Freundinnen im Sonnenhof in Kleinaspach. Es war ein herrliches Wochenende und ich habe einen wunderbaren Tänzer kennengelernt.

Armando, einen auf den ersten Blick sehr sympathischen Mann. Kein Draufgänger Typ, eher etwas schüchtern. Genau der Typ von Mann der mir gefällt. Er konnte sehr gut tanzen und wir verbrachten den restlichen Abend zusammen und waren einer der letzten Gäste. Wir tauschten unsere Handynummern aus und trafen uns zwei Wochen später in Baden-Baden auf dem Weihnachtsmarkt. Da erfuhr ich, er ist 49 Jahre und war noch nie verheiratet. Egal welche Frau er seiner Mutter vorstellte, keine war ihr recht. Außerdem erwartet seine Mutter, dass er sie fast täglich nach seiner Arbeit besucht, am Wochenende Einkäufe erledigt und am Sonntag zum Mittagessen kommt. Er wolle eigentlich aus der Situation heraus und endlich mit einer Frau glücklich zusammen sein, aber ihm fehle die Kraft dazu. Seine Mutter hat einfach zu sehr Einfluss auf ihn. Wir haben uns noch ein zweites Mal, wieder an einem Sonntagnachmittag getroffen, das war dann auch das Ende. Es gab für uns beide keine Chance für eine Partnerschaft. Und das ist kein

Einzelfall. Ich stelle leider immer wieder fest, dass viele Männer regelrecht abhängig von ihrer Mutter sind. Wenn das bei dir der Fall ist, dann musst du das ändern. Keine Frau an deiner Seite wird deiner Mutter recht sein. Sie wird immer intrigieren. Es macht keinen Spaß so einen Mann an seiner Seite zu haben. Letztendlich ist deine Traumfrau die Verliererin.

MEIN SELBSTVERTRAUEN

Habe ich genug Selbstvertrauen?

Jede Woche lese ich in der Zeitung unter Bekanntschaften Inserate von Männern mit folgendem oder ähnlichem Inhalt:

Edeka .... Do.-Abend, Du, ...helle Jeans, rote Jacke, lange schwarze Haare, ...standen zusammen an der Kasse. Habe mich nicht getraut dich anzusprechen.
Bitte melde Dich. Schreibe mir bitte unter.......

Oder:

Ich muss immer an dich denken. Du hast mir an der Tankstelle .... am Samstagnachmittag gegen 16h so nett zugelächelt. Würde dich gerne näher kennen- lernen. Ich trug blaue Hosen und weißes Hemd. Hatte nicht den Mut dich anzusprechen. Bitte rufe mich an! Meine Handy Nr.............

Hier kommt der Mut etwas spät! Die Chance, dass so eine Anzeige von dieser Person gelesen wird ist gering. Deshalb nutze den Augenblick deiner einmaligen Gelegenheit - ergreife die Initiative und sprich sie an, solange sie noch in deiner Nähe ist.

Immer wieder höre ich von Männern, dass sie Angst haben bei einer gegebenen Chance eine Frau anzusprechen. Es fehlt ihnen in diesem wichtigen Moment das nötige Selbstvertrauen. Wenn dir eine interessante Frau begegnet und du die Gelegenheit nicht nutzt, hast du für dich schon entschieden. Du hast verloren! Was kann denn Schlimmeres passieren, wenn du eine Frau ansprichst? Du kannst gewinnen. Die Chancen stehen 50 zu 50. Deshalb denk an meine Worte: Du hast die Möglichkeit zu gewinnen. Mit deinem Charisma und deiner Ausstrahlung sind die Chancen weit höher als 50%! Also tu es!

Und wenn du mir nun sagst, »ich kann keine Frau ansprechen, meine Angst ist einfach zu groß.« Dann sage ich dir: »Du wirst es lernen!« Es gibt auch genügend Bücher auf dem Markt, die das Thema Selbstvertrauen behandeln oder es werden Seminare mittlerweile in fast jeder Stadt angeboten. Also, wenn ich es an dieser Stelle nicht schaffe dir Mut zu machen, dann lies ein Buch hierzu oder besuche ein Seminar.

Wenn du etwas wirklich willst, dann wirst du es schaffen. Wenn du Auto fahren willst, musst du die Verkehrsregeln lernen und eine Prüfung ablegen. Wenn du deine Traumfrau finden und halten willst, dann brauchst du Selbstvertrauen und Mut.

Wenn du nun in den Spiegel siehst, solltest du zu dir selbst sagen können, ja so gefalle ich mir - oder vielleicht sogar, ja ich liebe mich. Lach mich jetzt nicht aus. Es ist wichtig, dass du dir selbst gefällst, deine Kleidung stimmt, du Mut und Selbstvertrauen hast, deine Wohnung schön und gemütlich ist und du rundum mit dir zufrieden bist. So hast du die besten Voraussetzungen geschaffen.

MEINE BESTELLUNG IM

UNIVERSUM

Ich habe meine Traumfrau beim Universum bestellt - aber die Lieferung blieb bisher aus!

In meinem weiblichen Bekannten- und Freundeskreis kennt mittlerweile fast jede Frau das kleine Handbuch zur Wunscherfüllung »Bestellungen beim Universum« von Bärbel Mohr. Es ist im Omega Verlag erschienen. Ein fantastisches Buch. Ich habe mir diesen Ratgeber im Jahr 2000 gekauft und war begeistert. Parkplätze, Sitzplätze in Restaurants und meinen letzten Arbeitsplatz, alles Bestellungen beim Universum. Klappte super. Jetzt wirst du mich zu Recht fragen, »warum hast du dir noch keinen Mann im Universum bestellt?« Stell dir vor, das habe ich. Ich lernte auch sehr nette Männer kennen, aber sie haben die Rahmen-bedingungen für eine Partnerschaft nicht ge-schaffen. Deshalb hat mir das Universum den Tipp für dieses Buch gegeben.

Erstaunlicherweise stellte ich bei meinen Recherchen fest, dass es tatsächlich mittlerweile auch Männer gibt, die dieses tolle Buch von Bärbel Mohr gelesen haben. So auch Christian. Er ist 52 Jahre und hat 3 Söhne. Er berichtete mir, dass das Reservieren von Parkplätzen super funktioniert und sich seine Söhne immer köstlich darüber amüsieren. Etwas verlegen verrät er mir, dass er auch seine Traumfrau im Universum bestellt hat. Aber die Lieferung bisher ausblieb. Vielleicht kennst du lieber Leser es auch und hast bestellt, aber es kam keine oder eine falsche Lieferung.

Dabei solltest du folgendes beachten: Parkplätze bestellen - hier handelt es sich um Gegenstände. Aber eine Traumfrau bestellen - hier geht es um eine Person. »Ja das ist doch klar«, wirst du jetzt zu mir sagen. Ok! Überlege dir mal, warum die Bestellung nicht funktioniert hat. Es ist ganz einfach. Deine persönlichen Rahmenbedingungen für die Lieferung hast du bisher nicht geschaffen. Die Lieferung lief dir bereits über den Weg, aber die Frau hat dich nicht beachtet. Vielleicht bist du ihr aufgefallen mit einem dicken Bierbauch, ungepflegten Fingernägeln oder einem grauen Vollbart. Oder warst einer der vielen Karohemdenträger und bist in der Masse untergegangen. Sie hat dich vielleicht registriert, mehr aber auch nicht. Ich hoffe du verstehst nun was ich mit Rahmenbedingungen erschaffen meine. Vielleicht habe ich mit meinem Beispiel jetzt etwas übertrieben, aber ich wollte dich wachrütteln. Wenn die Bedingungen stimmen, dann wirst du deiner Traumfrau begegnen, sie wird dich wahrnehmen und sie zeigt Interesse an dir und ganz wichtig: Sie will dich kennenlernen. Das ist deine Chance!

NAVI-EINSTELLUNG MEINE ZIELE

MEINE ANFORDERUNGEN AN EINE NEUE BEZIEHUNG

Worauf lege ich Wert? Welcher Frauentyp passt am besten zu mir?

Du hast sicher schon bemerkt, dass Frauen sehr unterschiedlich sind. Jede Frau hat ihre eigenen Facetten und lässt sich nicht in eine bestimmte Schublade stecken. Aber es gibt doch eine Tendenz. Deshalb habe ich die für mich häufigsten Frauentypen in Gruppen zusammengefasst. Das ist für dich nützlich. Jeder Frauentyp hat spezielle »Knöpfe«, an denen du drehen kannst. Und einige passen besser zu dir als andere. Kennst du die Gruppen, kannst du viel besser für dich klären, welcher Typ von Frau du haben willst und viel wichtiger, ob deine Wunschvorstellung zu dir passt.

DIE HÄUFIGSTEN FRAUEN-TYPEN

HAUSFRAUEN TYP

Eine natürliche, genügsame Frau, normale Figur, fällt in der Menge nicht auf. Das will sie auch gar nicht. Sie sucht einen »Durchschnittsmann«. Sie wohnt in einer bescheidenen Wohnung und freut sich, wenn du nach der Arbeit nach Hause kommst.

Vielleicht ist sie eine alleinerziehende Mutter und geht stundenweise arbeiten. Sie kocht sehr gerne und sitzt mit dir abends gemütlich vor dem Fernseher. Am Wochenende erledigt ihr die Einkäufe, putzt die Wohnung und vielleicht geht ihr einmal im Jahr für ein paar Tage in Urlaub.

Ihre Einkommensverhältnisse sind eher gering. Sie freut sich, wenn du sie finanziell unterstützt. Sie ist jedoch bescheiden.

KUMPEL TYP

Diese Frau stellt ihren Körper nicht in den Vordergrund. Sie genießt es in Hosen herumzulaufen. Sie geht arbeiten und abends gerne in Kneipen. Unterhält sich mit Männern. Sieht sich selbst nicht als Lustobjekt. Sie will einfach nur Spaß haben, reden, auch gerne über Männerthemen. Häufig mag sie Sport, kennt sich mit Fußball aus. Sie ist unkompliziert. Kommt mit ihrem Leben gut allein zurecht. Hat oftmals keine Kinder. Du kannst mit ihr Pferde stehlen und sie erwartet dies auch von dir. Du bist der gute Freund für alle Fälle. Sie ist immer für dich da und gibt dir Rat. Auch in Beziehungsproblemen. Und vielleicht trifft hier der Song von Kaus Lage zu mit »1.000 und 1 Nacht« und es macht bei euch »Zoom«. Dann hast du eine wunderbare Frau an deiner Seite.

SPORTLICHER TYP

Sie steht morgens eine Stunde früher auf, damit sie schon in den Morgenstunden joggen gehen kann. Wieder zu Hause läuft der Kaffee währenddessen sie schnell duscht. Sie liebt die Herausforderung, immer schneller und mehr. Ohne Bewegung fehlt ihr was. Sie hat einen super trainierten Körper, achtet auf ihre Ernährung und sucht Gleichgesinnte. Sie erwartet von einem Mann ebenfalls sportliche Aktivitäten. Das Wochenende wird gerne mit Radtouren und Wanderungen verplant. Bei dieser Frau solltest du ebenfalls Spaß an Bewegung haben.

DIVA – KARRIERE TYP

Diese Frau hat sich in der Männerwelt beruflich durchgesetzt. Verzichtet häufig auf Familie. Sie hat mit ihrem Mann ein schönes Haus gebaut und kann sich vieles leisten. Sie ist es gewohnt beruflich viel unterwegs zu sein. Sie hat Verantwortung, trifft Entscheidungen und erwartet einen starken Partner an ihrer Seite. Beide genießen die wenige freie Zeit, die sie zusammen zur Verfügung haben. Kinder waren nie eingeplant. Mitunter war sie auch nie verheiratet, sondern zog von einer Beziehung zur anderen. Geld genug hat sie. Sie nimmt wenig Rücksicht. Sie liebt die Abwechslung. Diese Frau hat gelernt sich durchzusetzen, das stellt auch ihr Lebenspartner fest. Es wird schwierig auf Dauer dieser Frau zu genügen.

Der Stellenwert eines Mannes liegt bei ihr meistens auf Platz 3. Den ersten Platz nimmt die Karriere ein, dann kommt sie selbst und dann kommt der Mann. Also bei dieser Frau brauchst du sehr viel Selbstvertrauen und gute Ideen, wie du ihr imponieren kannst.

POWER TYP

Sie führt ein kleines Familienunternehmen. Diese Frau nimmt sich als Lebenspartnerin und Mutter wahr. Ihre eigene Karriere ist für sie nicht so wichtig. Sie möchte einen Mann mit gutem Job und Kinder. Sie widmet sich der Kindererziehung und geht später, wenn die Kids älter sind, halbtags arbeiten. Sie will ein Heim schaffen. Ihr ist wichtig, dass sich ihr Mann nach der Arbeit wohlfühlt. Sie liebt das gemeinsame Abendessen, das sie liebevoll zubereitet hat. Der Mann ist der Versorger. Sie arbeitet für ihren eigenen persönlichen »Luxus«. Diese Frau will für ihren Mann etwas Besonderes sein und geht regelmäßig zum Frisör. Sie kauft sich gerne schöne Kleidung. Sie hebt sich von der Frauenmasse ab.

Man sieht diese Frau und spürt ihre Lebensfreude und Power. Sie genießt das Familienleben, hat gute Laune, liebt die Kinder und ihren Mann. Sie geht gerne auf die Wünsche ihres Mannes ein. So empfängt sie ihn auch liebevoll am Abend. Sie freut sich, wenn er ihr Komplimente macht. Und für einen Mann auch sehr wichtig - sie ist treu! Die Hausarbeit erledigt sie unter der Woche an Nachmittagen, damit sie das Wochenende für Unternehmungen frei haben. Diese Frau ist berechenbar. Sie ist mit ihrem Mann auf Augenhöhe. Gegenseitiger Respekt und Wertschätzung ist der geheime Erfolgsschlüssel. Sie hat eine gute Allgemeinbildung. Ihr Mann schätzt das, genießt das Leben mit ihr und verwöhnt sie gerne. Sie machen mehrmals im Jahr Urlaub oder Kurztrips. Sie haben sich immer etwas zu erzählen und lachen miteinander. Harmonie pur!

STATUS TYP

Diese Frau hat klare Vorstellungen von ihrem Lebensstil. Sie will Luxus um jeden Preis.

Manche dieser Frauen würden fast alles tun, um sich einen reichen, berühmten oder politisch engagierten Mann zu angeln. Diese Frau legt auf ihr Äußeres großen Wert und hält sich gerne in besseren Location auf. Sie glaubt hier den Mann ihrer Träume zu treffen. Diese Frau wird dich vermutlich ansprechen oder sie flirtet so gekonnt mit dir, dass du neugierig wirst.

Sie wird keine Zeit verlieren und dich gleich fragen was du beruflich machst. Außerdem will sie wissen, wo und wie du wohnst, besonders die Wohngegend ist ihr wichtig, welches Auto du fährst und welchen Status du in der Öffentlichkeit hast. Sie interessiert sich in erster Linie für deine Ressourcen. Wenn du dazu noch gut aussiehst - hat sie einen Volltreffer gelandet. Sie wird sich sehr bemühen dich zu ködern und zu Beginn gern bereit sein, sich deinen Vorstellungen anzupassen. Ob sie dich auch liebt? Na, für diese Frau ist das nicht so wichtig. Auch nicht, ob du sie liebst. Du hast aber eine Frau an deiner Seite, mit der du in der Gesellschaft bewundert wirst.

Solange du ihr das bieten kannst, ist die Welt für sie in Ordnung.

PASSENDE TRAUMFRAU

Welcher Frauentyp gefällt mir?
Was ist Träumerei? Was ist realistisch?

Schau bitte in deinen Spiegel. Was siehst du? Wenn du übergewichtig bist, keinen Sport treiben willst und gerne am Abend mal mit deinen Kumpeln Bier trinken gehst, dann ist eine Sportlerin vermutlich nicht die Frau, die sich für dich interessieren wird. Ebenso solltest du geistig und finanziell genauso oder besser mithalten können. Bei einer Akademikerin wirst du als arbeitsloser Hilfsarbeiter kaum eine Chance haben. Also willst du träumen oder in der Realität leben?

Deshalb frage dich: Welche Frau ist die Richtige für mich?

Es gibt das bekannte Sprichwort: Gegensätze ziehen sich an - das stimmt jedoch nur bedingt. Wenn du die Abwechslung liebst, dann trifft das zu. Es gibt vieles zu entdecken, denn zu unterschiedlich sind die Interessen. Aber für eine dauerhafte Bindung ist diese Konstellation nicht optimal. Diese Beziehung wird vermutlich nur vorrübergehend sein. Und zu glauben, dass du einer Frau begegnest, die du dann nach deinen Vorstellungen ändern willst, kannst du vergessen. Sie wird das vielleicht eine Zeitlang aus Liebe zu dir tun, aber nicht für immer. Sie will authentisch sein. So wie du sie kennengelernt hast, so liebt sie es auszusehen.

Ich lernte vor meinem letzten Lebenspartner Andreas kennen. Ich trug damals schon gerne meine Lockenpracht offen und schminken war für mich selbstverständlich. Nachdem wir uns ein paar Mal trafen bat er mich, ich solle meine Haare zu einem Zopf flechten. Darauf würde er stehen. Und außerdem mag er eigentlich keine Frau die sich schminkt. Ich habe dann ihm zuliebe seinen Wunsch erfüllt. Fühlte mich aber nicht wirklich glücklich und kehrte zu mir selbst zurück. Andreas wollte das nicht verstehen. Diese Beziehung ging bereits nach kurzer Zeit in die Brüche.

Die Möglichkeit einer dauerhaften Beziehung braucht Gemeinsamkeiten und den Respekt, den anderen so zu nehmen wie er ist. Wenn du gerne wanderst und essen gehst, aber eine Frau kennenlernst, die lieber leidenschaftlich Tango tanzen möchte und am liebsten abends zu Hause einen kleinen Salat essen will, passt das schon nicht zusammen. Natürlich kann sie mal schauen wie ihr das Wandern gefällt, aber willst du ein leidenschaftlicher Tangotänzer werden? Also schau dich nach einer Frau um, deren Interessen mit dir überwiegend übereinstimmen. Wenn sie gerne Aqua-Gymnastik macht, kannst du an diesem Abend mit Freunden deinem Männerhobby nachgehen. Das ist ok. Aber Wochenendaktivitäten oder Urlaubspläne sollten übereinstimmen.

Jetzt mach dir bitte Gedanken darüber, was für eine Frau du gerne finden möchtest. Am besten nimmst du dir einen Block und Stift zur Hand. Beginne mit einer senkrechten Linie auf dem Papier.

1) Als Überschrift auf der linken Seite schreibe: »**Das bin ich**«

Beginne die Liste mit einfachen Angaben: Größe, Figur, Alter, Haare, Bildung, Beruf, Kinder, Wohnverhältnisse, Hobbys, Charakter, persönliche Ziele, Zukunftspläne und alles was sonst noch wichtig für dich ist.

2) Als Überschrift auf der rechten Seite: »**Meine Traumfrau**«

Welche Voraussetzungen sollte deine Lebenspartnerin mitbringen? Was sind deine Vorstellungen? Welche Interessen sind dir wichtig? Welche Lebensform stellst du dir vor? Gemeinsame Wohnung? Haus? Kommt ein Umzug für dich in Frage? Zu einer Fernbeziehung bereit? Schreibe alle relevanten Punkte auf. Überlege dir auch, warum sich eine Frau für dich interessieren sollte! Wie schaut deine Liste aus?

Sind deine Erwartungen höher, als du selbst vorweisen kannst? Dann korrigiere und drehe an den »Knöpfen« bis ein ausgeglichenes, realistisches Ergebnis auf dem Papier steht.

Ich stellte bei meinen Recherchen fest, dass hier oftmals Welten auseinander liegen. Die Männer sind frustriert und verstehen nicht, warum sich die Traumfrau nicht finden lässt. Sie werden vermutlich noch lange träumen. Erst wenn diese Spezies das Missverhältnis erkennen und die Erwartungen nach unten korrigieren, werden sie eine passende Lebensgefährtin finden. Ich höre auch immer wieder, Frauen sind wählerischer als Männer. Wenn ich nachfrage, was ein Mann unter dieser Aussage meint, wird mir erklärt, Frauen schauen auf so viele Dinge, Männern ist in erster Linie wichtig, nicht mehr alleine zu sein. Wenn ich dann aber nachhake, höre ich doch, dass ein Mann bestimmte Vorstellungen hat. So zum Beispiel ist vielen Männern die Stimme der Frau wichtig. Viele stört ein allzu starker Dialekt oder gar Kaugummi kauen. Ebenso schauen sie auf gepflegte Zähne und trägt Frau eine Brille, sollte auch diese zu ihrem Typ passen. Ihre Schuhe und ihr Gang, da schaut der Mann ebenfalls hin. Sie sollte »much toning« sein, so zumindest drückt es mein Freund Claus aus, der mir beim Schreiben immer mal wieder über die Schulter schaut.

ZUR AUTORIN: FRAUENTYP UND GESCHEITERTE BEZIEHUNGEN

Du bist neugierig? Ich verrate es dir! Ich bin eine Powerfrau! Wie du bereits gelesen hast, habe ich auch schon Trennungen verarbeitet. In langjährigen Beziehungen entwickeln sich manchmal die Paare in total unterschiedliche Richtungen. Das war bei mir der Fall. Ich habe mich von meinem Ehemann getrennt, weil er sich sexuell in komplett andere Bereiche wagte und ich daran keinen Gefallen fand. Außerdem entdeckte er den Reiz des Glücksspiels. Deshalb habe ich den Vorschlag zur Trennung gemacht. Es war für uns beide das Beste.

Meine letzte langjährige Beziehung habe ich ebenfalls beendet. Dieser Schritt war eine sehr schmerzliche Konsequenz. Aber ich musste diesen Weg gehen. Die Basis unserer Beziehung wie Vertrauen, Ehrlichkeit und Treue war nicht mehr vorhanden. Diese Punkte sind für eine Frau äußerst wichtig!

Aber wie du siehst, hat jede Widrigkeit des Schicksals einen Keim eines noch größeren Vorteils. Ich hätte niemals dieses Buch geschrieben, wäre ich noch mit meinem Lebensgefährten zusammen.

LERNE WIEDER ZU FLIRTEN!

DU **ODER** SIE?

Die Anrede mit »**Sie**« kommt am Anfang meistens besser. Besonders, wenn du überhaupt keinen Bezug zu dieser Frau hast. Das Umfeld, in dem du sie kennenlernst, ist aber letztendlich entscheidend. Beim Tanzen, im Fitnesscenter z.B. kannst du natürlich gleich mit »**Du**« beginnen. Es kommt immer auf die gegebene Situation an. Das Flirten solltest du wieder üben. Egal wo du bist, im Supermarkt, an der Tankstelle, beim Tanzen oder auf der Straße. Lächle die Auserwählte an - und meistens kommt ein Lächeln zurück. Oder mach einfache Komplimente. Z.B. »Sie haben ein tolles Lächeln«, oder »Ihre Haare sind heute besonders schön.« Du kannst auch sagen: »Ich heiße Christian Maier. Ich habe Sie schon mehrmals hier gesehen. Haben Sie jetzt gerade etwas Zeit? Ich würde Sie gerne zu einem Kaffee einladen.«

Falls sie ablehnt, prüfe ob sie Interesse zeigt, aber momentan keine Zeit hat. Also Frage sie, ob du ihr die Telefonnummer geben darfst. »Ich freue mich, wenn Sie mich anrufen und wir uns zu einem Kaffee mal treffen« und lächele dabei. Schau ihr in die Augen. Auch wenn es mit dem Flirten nicht immer klappt, dann resigniere nicht. Sieh das Ganze als Lernphase. Bleib immer locker. Du willst ja fit sein, wenn dir deine Traumfrau über den Weg läuft.

EMANZIPATION DER FRAU - WAS IST DAMIT GEMEINT?

Oftmals ist die Spezies Mann in diesem Punkt auch heute noch überfordert und unsicher! Vielleicht geht es dir ebenso. Es ist eine wichtige Stellschraube in einer harmonischen Beziehung! Ich erkläre dir, was wir Frauen darunter verstehen.

Wir Frauen mussten in Deutschland um unsere politischen und bürgerlichen Rechte kämpfen. So haben wir erst seit 1918 das Frauenwahlrecht. Das Bürgerliche Gesetzbuch schrieb vor, dass eine Frau ihren Ehemann um Erlaubnis fragen musste, wenn sie arbeiten wollte. Bis 1. Juli 1958 konnte der Mann, wenn es ihm beliebte, den Anstellungsvertrag seiner Frau nach eigenem Ermessen und ohne deren Zustimmung fristlos bei ihrem Arbeitgeber kündigen. Bis 1962 durfte eine Frau kein eigenes Bankkonto eröffnen. Die benötigte Erlaubnis des Mannes um arbeiten zu dürfen, wurde erst 1977 abgeschafft. Ebenso hatte der Ehemann bis 1958 auch das alleinige Bestimmungsrecht über Frau und Kinder.

Das ist heute unvorstellbar. Die Frau war damals abhängig von ihrem Mann. Wenn er sie misshandelte oder mit einer anderen betrog, so musste sie das ertragen. Sie konnte nicht aus dieser Beziehung raus. Der Mann konnte sich fast alles erlauben. Sie war ihm ausgeliefert und quasi seine Sklavin. Vergewaltigung in der Ehe wurde nicht bestraft. Gott sei Dank, diese Zeiten haben wir hinter uns.

Der 15. Mai 1997 machte es möglich. Die neue Frauenbewegung kämpfte seit den 70er Jahren für eine Reform des Sexualstrafrechts. Und das unermüdlich über viele Jahre hinweg. Mithilfe des Deutschen Bundestags und den Wählerinnen im Land wurde das Unmögliche möglich gemacht.

Es ging uns Frauen in Sachen Emanzipation also um die gleichen Rechte und vor allem um Wertschätzung. Wir Frauen sind keine Ware, keine Menschen zweiter Klasse oder gar dem Willen eines Mannes total ausgeliefert. Diese Zeiten sind endgültig vorbei. Wir Frauen sind gegenüber den Männern auf Augenhöhe.

Aber ganz wichtig für dich! Wir Frauen sind weiterhin gerne weiblich. Wir fühlen uns wohl als Frau, wollen jedoch respektvoll als solche behandelt werden. Wir bekommen nach wie vor die Kinder und überwiegend sind wir für die Erziehung zuständig. Die meisten Männer schätzen mittlerweile, wenn die Lebenspartnerin den Part Haushalt und Kinder übernimmt.

Die Männer mussten diese Entwicklung lernen, anerkennen und akzeptieren. Wir Frauen freuen uns, wenn wir ehrliche Wertschätzung erhalten. Wenn wir überrascht werden, uns der Partner eine Freude macht, Aktivitäten vorschlägt, uns zum Essen einlädt und uns Liebeserklärungen macht.

Es ist eine positive Entwicklung und bietet Chancen für eine wunderbare Partnerschaft. Denn die Frau muss mit dir keine Beziehung eingehen, um versorgt zu sein, sondern sie will an deiner Seite sein, weil sie dich liebt. Und das ist doch großartig!

DARF EINE FRAU EINEN MANN ANSPRECHEN?

Hierzu stelle ich dir 3 Möglichkeiten vor!

In Tanzlokalen – zum Tanzen auffordern

Wie du mittlerweile weißt, tanze ich leidenschaftlich gerne. Wenn mein Lieblings-DJ Udo tolle Fox-Musik auflegt und mich kein männliches Wesen zum Tanzen auffordert, gehe ich auch auf einen Mann zu und frage ihn, ob er mit mir tanzen möchte. Die Resonanz der Männer war bisher überwiegend positiv. Ich frage mit einem Lächeln und fast alle tanzen auch mit mir. Manche Tänzer haben mir hinterher mitgeteilt, dass sie nicht den Mut hatten mich zu fragen und sich sehr freuten, dass ich sie aufgefordert habe. Wenn wir uns dann das nächste Mal wieder sahen, kamen sie auch auf mich zu und fragten mich. Ich erlebte jedoch auch schon andere Situationen. Zum Glück waren das wirklich Ausnahmen. Ein Mann stand neben mir auf der Tanzfläche und auf meine Frage sagte er arrogant zu mir: »Ich suche mir die Frauen selbst aus, mit denen ich tanzen möchte« und lies mich stehen. Er drehte sich um und tanzte mit einer anderen. Na, was denkst du wie ich mich in diesem Moment gefühlt habe. Ich konnte gar nicht glauben, dass er auf eine höfliche Frage so abwertend reagierte. Und an dem Abend hatte ich auch keine Lust mehr nochmals einen Mann zu fragen. Deshalb meine Bitte an dieser Stelle: Wenn du von einer Frau zum Tanzen aufge-fordert wirst, dann tanze auch mit ihr. Nur wenn du überhaupt nicht tanzen kannst, dann sage ihr das. Dafür hat sie natürlich Verständnis. Und wenn sie dir gefällt, dann nütze die Chance und frage sie doch einfach, ob sie gerne mit dir etwas trinken möchte.

Was du beim Tanzen jedoch wissen musst, um Missverständnisse zu vermeiden: Wenn dich eine Frau bittet mit ihr zu tanzen, dann will sie auch in erster Linie erst einmal wirklich nur tanzen. Wenn ihr euch dabei sympathisch findet kannst du sie fragen, ob du sie zu einem Getränk einladen darfst. Nimmt sie an, könnt ihr euch unterhalten und schauen, ob ihr die Telefonnummern austauschen wollt. Aber vielleicht lebt sie in einer Beziehung und will einfach nur einen schönen Tanzabend. Das lässt sich alles in einem netten Gespräch klären.

Der indirekte Weg - eine Frau gibt sich hilflos. Sie hofft auf deine Hilfsbereitschaft und nützt die Möglichkeit mit dir in Kontakt zu kommen.

Wir Frauen können mittlerweile den ersten Schritt machen, wenn wir an einem Mann interessiert sind. Also wundere dich nicht, sondern freu dich, wenn du von einer Frau angesprochen wirst. Du solltest aber die Signale kennen, denn sie wird nicht sagen: »Hallo du gefällst mir. Ich will dich kennenlernen.«

Sondern, hier ein paar Beispiele:
Sie spricht dich im Supermarkt an und gibt sich hilflos. Sie fragt nach einem Produkt, das sie nicht findet oder bittet dich, ihr den Kasten Mineralwasser in ihren Einkaufswagen zu stellen.

An der Tankstelle kommt sie mit einem Lächeln auf dich zu. Sie möchte den Ölstand prüfen und weiß nicht, wie die Haube aufgeht oder sie weiß nicht, wo sich der Ölmessstab befindet. Mitunter fragt sie dich, ob du den Reifenluftdruck prüfen kannst. Oder sie macht eine positive Bemerkung über dein Auto.

Vielleicht fällst du ihr im Möbelhaus oder Bauhaus auf. Du bist in der Elektroabteilung und sie schaut nach einer Lampe. Sie fragt dich dann um Rat, welche Birnen passen zum Beispiel. Sie steht an der Kasse wieder neben dir und schaut dich an und sagt: »Jetzt habe ich eine schöne Lampe, aber niemand, der sie mir an der Decke anbringt.«

Das sind oftmals Anzeichen dafür, dass sie Interesse an dir hat. Sie weiß in dem Moment nicht, ob du offen für eine neue Beziehung bist und ergreift einfach die Initiative, eine Chance, auf sich aufmerksam zu machen. Wenn sie dir gefällt, aber du unsicher bist, ob sie flirtet oder wirklich nur Hilfe braucht, dann schau ihr in die Augen. Du merkst sofort, ob sie dich näher kennenlernen möchte.

Der direkte Weg – sie ist selbstbewusst und zeigt dir, dass sie an dir interessiert ist

Frauen mit genügend Selbstvertrauen sprechen dich direkt an. Du sitzt zum Beispiel in einem Café. Die Frau ebenfalls und du bist ihr aufgefallen. Bevor sie geht kommt sie zu dir an den Tisch und hat einen Zettel mit ihrer Telefonnummer in der Hand und sagt: »Hallo, ich bin Gabi, ich möchte dir gerne meine Telefonnummer geben und würde mich freuen wenn du mich anrufst. Vielleicht können wir mal zusammen was trinken gehen?« Dabei drückt sie dir den Zettel in die Hand und geht. Wenn du diese Frau nett findest, dann bedanke dich mit einem Lächeln. Sie hat den ersten Schritt gemacht. Aber den zweiten, den musst du machen. Dann darfst du jagen. Die Frau hat zwar an dir Interesse gezeigt, aber ob du ihr gefällst merkt sie erst, wenn du sie anrufst und ein Treffen mit ihr eingehst. Du wirst die Frau auch erobern müssen, wenn du sie haben willst.

WIE BENEHME ICH MICH RICHTIG – REGEL

Also was ist entscheidend für ein erfolgreiches Kennenlernen?

Ich habe vor ein paar Monaten Jürgen auf einer Ü30-Fete kennengelernt. Er ist groß, schlank, kann etwas Fox und er lud mich an diesem Abend zu einem Glas Sekt ein. Wir haben uns nett unterhalten. Sein freundliches Lächeln ist mir gleich aufgefallen. Er verabschiedete sich und wollte gerne meine Handynummer. Ich gab sie ihm und prompt einen Tag später rief er mich an und wollte sich mit mir treffen. Ich schlug das Cappuccino in Gengenbach vor und wir trafen uns am gleichen Abend zu einem Glas Wein. Jürgen erzählte mir von seiner Arbeit und über seinem Humor lachten wir beide. Der Abend war also sehr nett. Nach zwei Stunden schlug ich vor zu gehen. Ich musste am anderen Morgen wieder früh aufstehen. Er rief die Bedienung und sie kam. Sie fragte: »Geht es zusammen?«

und es waren lange Sekunden bis Jürgen endlich sagte, »ja es geht zusammen, ich bezahle.« Die Rechnung war unter 10 Euro und Jürgen brauchte so lange um zu überlegen, ob er bezahlt. Der schöne Abend wurde mit dieser abwertenden Geste abrupt beendet. Wo blieb die Wertschätzung? Er wollte mich bei einem Glas Wein kennenlernen. Jagen ja – Ausgaben nein! Das passt nicht zusammen. Solch einen Fehler solltest du nicht machen.

Wir Frauen unterscheiden hier ganz klar: Gehen wir mit einem Kumpel etwas trinken, dann erwarten wir nicht, dass er uns einlädt und bezahlen unser Getränk auch gerne selbst. Hat ein Mann jedoch an uns Interesse, will er uns kennenlernen und schlägt ein Date vor, dann sollte er uns einladen. Wir Frauen sehen diese Geste als Wertschätzung. Es gibt nur wenige Ausnahmen von Frauen, die darauf keinen Wert legen und selbst bezahlen. Die Betonung liegt hier ganz klar bei Ausnahmen. Aber wozu solltest du dieses Risiko eingehen wollen? Du hast vielleicht deine Traumfrau vor dir sitzen und wirst sie ganz schnell wieder los. Darum betrachte es als ganz normal, dass du bezahlst.

Denk doch einmal an deine Jugendjahre zurück. Da hast du deiner Liebsten auch den Eintritt fürs Kino bezahlt, sie zum Essen eingeladen uvm. Du wolltest ihr Herz erobern! Stimmt's? In der Ehe habt ihr vermutlich den Lebensunterhalt vom gemeinsamen Einkommen bestritten. Jetzt bist du wieder alleine. Mach dir klar, dass du erneut von vorn anfängst. Also verhalte dich bitte dementsprechend.

Mein Tipp: Wenn du eine Frau näher kennenlernen willst und hast dich mit ihr verabredet, dann ruf den Kellner und begleiche die Rechnung. Du hilfst ihr eventuell auch in die Jacke und öffnest ihr die Tür beim Verlassen des Cafés. Du verhältst dich so natürlich dabei, als wäre dein Verhalten das Normalste auf der Welt.

Fakt ist: Eine Frau zu erobern kostet Geld. Diese Investition sollte es dir Wert sein und dir sogar Freude bereiten. Du hattest schließlich einen schönen Abend mit ihr. Eine Frau schätzt diese Geste und wird sich gerne weiterhin mit dir treffen wollen.

Frauen, ausgenommen die Karrierefrauen, verdienen in der Regel bedeutend weniger als Männer. Sie waren meistens verheiratet, haben die Kinder großgezogen, waren für mehrere Jahre nicht berufstätig, versorgten den Haushalt und haben später wieder stundenweise gearbeitet. Sie haben gelernt zu lieben, zu geben und auf ihre eigene Karriere zu verzichten.

Eine Singlefrau lebt oftmals in bescheidenen Verhältnissen. Sie träumt von einem Mann, der sie gerne und liebevoll auf Händen trägt. Damit meine ich nicht, dass eine Frau erwartet, dass der Mann sie finanziell großzügig unterstützt. Nein, das können kleine Gesten sein. Sie müssen jedoch von Herzen kommen. Also ohne Hintergedanken oder einer bestimmten Erwartungshaltung!

Was bedeutet das für dich?

Lade sie zum Essen ein - je nach deinem Geldbeutel - das kann eine kleine einfache

Gaststätte oder ein Sternerestaurant sein. Schenk ihr Blumen - auch hier hast du freie Wahl. Sie wird sich freuen. Egal ob eine Rose oder einen schönen Strauß, vielleicht sogar selbst von einer Wiese gepflückt. Das kommt sehr gut an. Wenn sie dich zu sich nach Hause einlädt, dann bring eine Flasche Wein oder Sekt mit. Trinkt sie keinen Alkohol, dann wäre eine Blume oder Schokolade eine wunderbare Alternative. Lade sie zu Wellness ein, mach Kurztrips, wenn du dir das finanziell erlauben kannst. Und ganz wichtig und nichts kostet: Verbring mit ihr Zeit! Zeit ist das Kostbarste was du ihr schenken kannst. Tu es gerne, ohne etwas zu erwarten. Und zeig ihr deine Gefühle. Sprich über deine Gefühle. Lass sie deine Gefühle spüren. So eroberst du ihr Herz. Alles was du mit Liebe tust, kommt 1.000fach wieder zurück. Das ist ein universelles Gesetz.

Merke dir: Wenn du etwas haben willst, das du noch nie in deinem Leben hattest, dann musst du bereit sein etwas zu tun, das du in deinem Leben noch nie getan hast!

Ein Mann, von Beruf Versicherungs-kaufmann, hatte mich nach einem ausgefallenen Geschenk gefragt, das er einer Frau schenken wollte, die ihm sehr wichtig war. Ich habe ihm geraten: »Backe ihr ein Brot. Du machst etwas, mit dem sie nie rechnen würde.« Er befolgte meinen Rat und er konnte seine Freundin von der Ernsthaftigkeit seiner Bemühungen über-zeugen. Er rief mich ganz aufgeregt an und erzählte mir von seinem Erfolg. Es hatte funktioniert. Die beiden wurden wieder ein Paar.

WIE ERKENNE ICH, OB EINE FRAU INTERESSE AN MIR HAT?

Wir Frauen haben gelernt, dass Männer jagen wollen. Also geben wir uns in der Regel etwas zurückhaltend. Das bedeutet jedoch nicht, dass wir kein Interesse haben. Ganz im Gegenteil! Je mehr uns ein Mann interessiert, desto verlegener werden wir oftmals. Werden plötzlich unsicher und haben Gedanken wie: Meint er mich oder steht hinter mir eine Andere? Wenn du zum Beispiel einer Frau begegnest, die dich wahr nimmt und dann wieder wegschaut, hofft sie insgeheim von dir angesprochen zu werden. Aus lauter Verlegenheit greift sie sich unbewusst in die Haare oder trinkt aus ihrem Glas. Darum mach auf dich aufmerksam. Gib ihr die Chance, dass sie dir nochmals in die Augen schauen kann. Wenn dir nichts einfällt, dann huste einfach oder verhalte dich tollpatschig. Zeig Schwächen! Sie bemerkt die Situation und wird zu dir schauen. Du gibst ihr quasi einen Grund dazu. Lächle sie an und du erkennst, ob sie an dir Interesse hat.

Natürlich gibt es auch Frauen, die das Flirten sehr gut beherrschen und du sofort erkennst, dass sie auf dich stehen. Aber du weißt nun, nicht alle Frauen sind so. Wenn du willst, dass diese weibliche Erscheinung nicht gleich wieder aus deinen Augen verschwindet, solltest du sie ansprechen und ihr deine Handynummer anbieten. Am besten schreibst du deinen Namen und deine Telefonnummer vor ihren Augen auf einen Zettel. Ich rate dir, keine am PC erstellten Visitenkarten aus dem Geldbeutel zu ziehen. Das sieht einfach zu billig aus und die Frau vermutet, dass du gleich duzendweise Visiten-karten verteilst, also fast jede Frau anmachst und sie nur eine von vielen ist. Bist du allerdings für eine Firma tätig und hast eine Visitenkarte deines Arbeitgebers mit deiner Handynummer vermerkt oder du bist selbstständig, kannst du ihr diese Karte selbstverständlich übergeben. Sag ihr ganz einfach, dass du sie gerne zu einem

Kaffee einladen willst und dich sehr freust, wenn sie sich bei dir meldet.

Ich verrate dir, warum du ihr deine Telefonnummer geben sollst und nicht du nach ihrer fragst. Wenn sie wirklich an dir Interesse hat, wird sie dich anrufen. Der gewählte Zeitpunkt ist für sie optimal, sie hat Zeit und ist in Gedanken bei dir. Beste Voraussetzungen für dich, um ein Date vorzuschlagen.

Wenn sie sich bei dir nicht meldet, dann hat sie kein Interesse. Denn manchmal sind wir Frauen überfordert. Wir wollen die Männer nicht verletzen und trauen uns nicht direkt zu sagen »du bist nicht mein Typ« und lassen uns deshalb die Telefonnummer geben. Schließlich brauchen wir ja nicht anrufen.

Also, wenn die Frau sich meldet, weißt du auf jeden Fall, sie zeigt Interesse dich kennenzulernen. Somit hast du das schon mal geklärt.

DAS NAVI STARTET

DAS ERSTE TREFFEN

Für dein erstes Treffen suchst du dir ein gemütliches Café aus, wo ihr beide ungestört die Möglichkeit habt euch kennenzulernen. Überlege dir vorher schon mal was du sie fragen willst. Und ganz wichtig: Schalte dein Handy vorher aus! Komme nicht auf die Idee dein Handy bei deinem Date auf den Tisch zu legen und nebenbei deine SMS und Emails zu checken. Am besten verabredest du dich zuerst an einem neutralen Platz, z.B. vor dem Rathaus oder dem Kino. Von dort geht ihr dann gemeinsam zum Café. So könnt ihr euch zusammen den Tisch aussuchen. Du kannst den Platz gerne vorschlagen, aber lass sie auswählen. Auch auf welchem Stuhl sie gerne sitzen mag. Schließlich willst du doch, dass sie sich wohlfühlt. Wenn sie selbst auswählt, ist das schon mal der Fall.

An dem zuvor vereinbarten Treffpunkt begrüße sie herzlich. Strahle sie an und mache ihr gleich mal ein Kompliment. Zum Beispiel »ich freue mich, dass du heute Zeit für mich hast«. Oder »schön, dass wir uns sehen«. Im Café frag sie was sie gerne trinken mag, ruf den Kellner und bestell für euch beide. Beginn das Gespräch zum Beispiel damit, wo ihr euch gesehen habt. Wie sie dir aufgefallen ist. Halte das Gespräch in Gang und schaue ihr immer mal wieder in die Augen. Gib ihr das Gefühl, dass du dich ernsthaft für sie interessierst. Sie sollte deine Gefühle spüren.

Wenn sie dir Fragen stellt sei ehrlich. Stehe zu deinen Fehlern, die du in der Vergangenheit gemacht hast. Du kannst ihr ja sagen, dass du aus heutiger Sicht weißt, dass das nicht ok war und du daraus gelernt hast. Erzähl nur das, was sie wissen will. Du solltest der Vergangenheit also nicht zu viel Raum geben. Besonders in Bezug auf deine ehemaligen Frauen. Sprich über die Gegenwart. Was du beruflich machst, welche Hobbys du hast und somit stellst du auch eventuelle Gemeinsamkeiten fest. Natürlich kannst du auch über deine Pläne für die Zukunft sprechen.

Was eine Frau beim ersten Date meistens interessiert und dich vermutlich fragen wird: »Hast du Kinder und wie lange waren deine Beziehungen?« Aufgrund deiner Antworten kann sie einschätzen, ob du für sie in Frage kommst. Ich erkläre dir warum: Ein Papa weiß was Verantwortung bedeutet, er ist meistens liebevoll und an der Dauer deiner Beziehungen weiß sie, ob du bindungsfähig bist. Und das ist nun mal wichtig für eine Frau, die ebenfalls gerne eine neue feste Beziehung eingehen will. Sie möchte natürlich auch wissen, ob deine Kinder bei dir wohnen oder bereits erwachsen sind. So kann sie einschätzen, ob du genügend Zeit für sie haben wirst. Ganz klar bist du im Vorteil, wenn deine Kinder schon auf eigenen Füßen stehen und du eine längere Beziehung vorweisen kannst.

Genieß den Abend mit ihr. Frag sie, ob sie noch etwas trinken möchte. Und merk dir:

Gefühle kannst du nur in der Gegenwart erleben. Berühr kurz mal ihre Hände. Schau ihr immer wieder in die Augen. Ohne sie anzustarren. Bring sie zum Lachen.

Geh bei deinem ersten Date jedoch nicht zu weit. Also frag sie nicht gleich: »Gehen wir später zu dir oder zu mir?« Damit hast du die Frau im Normalfall geschockt und sie wird sich von dir verabschieden - und das für immer. Also, wenn es Zeit ist zu gehen, ruf den Kellner und bezahl die Rechnung. Thema Trinkgeld: Ganz normal 5 - 10% geben - weniger wirkt geizig und mehr zu verschwenderisch auf die Frau. Sie wird sich mit einem Lächeln bei dir bedanken und freut sich insgeheim schon auf ein Wiedersehen mit dir. Und das willst du doch auch. Oder? Biet ihr an, dass du sie zu ihrem Auto begleitest. Hier darfst du sie gerne etwas drücken und sag ihr, wie schön der Abend mit ihr war und du dich auf ein Wiedersehen freust. So hast du alles richtig gemacht. Schreib ihr gleich am nächsten Tag eine SMS mit ein paar netten Worten. Du kannst dich gerne nochmals für den schönen Abend bedanken. Beim zweiten Treffen wirst du sie besser kennenlernen. Lade sie zum Essen ein oder geh mit ihr tanzen. Strahlt sie vor Freude dich zu sehen? Versuch ihre Gefühle zu spüren. Du siehst es an ihren Augen.

Wenn du mit ihr Essen gehst, dann ist auf jeden Fall small talk wichtig. Die Frau erwartet von dir, dass du nicht etwa stumm ihr gegenübersitzt und über dein Essen herfällst, sondern mit Genuss isst und eine Unterhaltung mit ihr führst. Es können einfache Themen sein. Über Hobbys reden oder über schöne Urlaubsorte, die du gerne noch sehen willst. Erwähn z.B. zu zweit ist alles doch viel schöner.

Da spürt sie, dass du schon Pläne machst für weitere Treffen. Das freut sie. Sie bekommt Vertrauen zu dir. Berühr ihre Hände. Wie fühlt es sich an? Was empfindest du? Frauen mögen es, wenn du ihre Hände in deine legst. Das erzeugt auch bei ihr Gefühle. Verabschiede dich beim zweiten Treffen zuerst wieder mit einem Küsschen links und rechts und nimm sie in den

Arm. Wenn sie das genießt kannst du sie vielleicht auch ganz kurz auf den Mund küssen. Die Betonung liegt eindeutig auf kurz. Ich erkläre dir warum zu dich so verhalten solltest. Das Verlangen nach Nähe zu dir wird größer und sie gelangt zu der Erkenntnis, dass du wirklich ernsthafte Absichten hast sie näher kennenzulernen, du dir also mit dem Kennenlernen Zeit lässt. Dadurch wirst du für sie immer interessanter.

Suchst du nur ein Abenteuer mit dieser Frau, kannst du das an dieser Stelle natürlich probieren. Vielleicht will sie das ebenfalls. Es ist auch nicht ausgeschlossen, dass sich eine Beziehung über das Bett entwickelt. Überleg dir gut was du tust. Wenn dir diese Frau wichtig ist und du ernsthaft Interesse an ihr hast, dann bring sie zu ihrem Auto und wünsch ihr eine gute Heimfahrt. Sag ihr wie schön der Abend mit ihr war und du sie bald wiedersehen willst. So bist du auf jeden Fall auf der sicheren Seite.

SMS UND CHATNACHRICHTEN

In der heutigen Handywelt mit Flat neigt man gerne dazu SMS und Chatnachrichten zu schreiben. Das kannst du auch gerne machen. Nur solltest du es nicht übertreiben. Also wenn du ihr schreibst, dann etwas Sinnvolles bitte. Ich zum Beispiel bekam eine Zeitlang von Rainer, einem Bekannten, Chatnachrichten mit Wortlauten wie »Guten Morgen Bussy«, »Mittagbussy«, »Nachtbussy«. Also sehr einfallsreiche Texte! Ich habe ihn deshalb gefragt, ob er auch im Stande ist ganze Sätze zu schreiben. Danach bekam ich wesentlich weniger Post von ihm. Und das war gut so. Du siehst, weniger ist oft mehr - es kommt auf den Inhalt an. »Ich freue mich auf dich«, oder »gestern war sehr schön mit dir« das ist doch viel schöner als viele Smileys und Bussy.

Ich schreibe zum Beispiel gerne Gedichte. Ich mache damit meinem Umfeld eine Freude. Überleg dir doch auch mal ein schönes Gedicht, oder schau auf deinen Kalender, welcher Spruch da steht und wenn er dir gefällt, dann schick ihn doch an deine neue Freundin. Wir Frauen lieben romantische Männer.

INTERESSE ZEIGEN: JA – KONTROLLE: NEIN

Wenn du dich ernsthaft für eine Frau interessierst, dann bring ihr Vertrauen entgegen. Misstrauen ist keine Basis für eine neue Beziehung. Wenn du kein Vertrauen hast, dann stellt sich die Frage, kann man dir vertrauen? Deshalb erkundige dich nicht gleich von Anfang an, was sie jeden Tag macht. Sie erkennt sehr schnell, dass es dir nicht um Interesse geht, sondern um Kontrolle.

Du hast die Befürchtung, dass sie sich noch mit anderen Männern trifft? Solange ihr kein Paar seid, kann sie das auch durchaus machen. Akzeptier bitte auch, dass eine Frau nicht ohne Ankündigung von dir besucht werden möchte.

Das ist ganz normal. Das ist oftmals auch bei den Männern so.

Deshalb ruf sie rechtzeitig an, also ein paar Tage zuvor, und frag sie ob und wann sie Zeit für dich hat. Frag nicht einfach: »Was machst du am Freitag?« sondern viel besser kommt, »hast du am Freitag noch Zeit für mich? Ich möchte dich gerne zum Essen einladen.« Also du mit dem zeitlichen Vorschlag auch gleich eine Aktivität verbindest.

Gerne kannst du dir auch zwei verschiedene Pläne überlegen, somit kann sie auswählen.

Die Chance, dass sie an zwei vorgeschlagenen Tagen zumindest an einem Tag Zeit für dich hat, ist damit einiges höher.

SEXUALITÄT BEI EINER NEUEN BEZIEHUNG

Wenn du deine neue Eroberung nach einigen Treffen immer noch anziehend findest, kannst du auch das Thema Sexualität ansprechen. Aids sollte kein Tabuthema sein. Im Gegenteil! Aber nicht erst wenn ihr beide in der Situation seid intim zu werden. Am besten du hast immer Kondome parat. Ungeschützten Sex zu haben ist in der heutigen Zeit einfach zu gefährlich.

Eine Frau verbindet in der Regel Liebe mit Sex. Männer wollen oftmals zuerst Sex und verlieben sich dann in die Frau. Deshalb wissen Frauen manchmal nicht, wann ist eigentlich der richtige Zeitpunkt, um mit einem Mann ins Bett zu gehen. Sie wollen nicht wie ein Taschentuch benutzt werden. Wir Frauen haben Angst vor Verletzungen. Wir entwickeln beim Sex intensive Gefühle für den Mann und fragen uns danach, wird er sich wieder melden? Meint er es ernst oder war es für ihn nur ein Abenteuer? Das sind oftmals die Fragen, die wir nach dem ersten Sex mit einem Mann haben. So schön es auch war. Die Unsicherheit ist da.

Deshalb mach es uns nicht so schwer. Schreib ihr am nächsten Tag eine SMS oder Whatsapp Nachricht, wie schön es war, und dass du dich freust sie bald wieder zu sehen. Oder ruf sie kurz an und verabrede dich wieder mit ihr.

WIE WILL EINE FRAU DEN SEX ERLEBEN?

Ich habe mich mit Ralf - einem 43 Jahre alten Unternehmer - unterhalten, der schon mehrmals Urlaub in Thailand machte und fragte ihn warum er dort Sex hatte. Diese Frauen haben oftmals nur eine knabenhafte Figur und eine deutsche Frau kann meistens nicht verstehen, warum doch so viele Europäer sich gerne mal eine thailändische Frau nehmen. Ich fragte ihn nach dem Unterschied zwischen diesen und den deutschen Frauen. Er sagte mir: »Die Thailänderinnen verwöhnen den Mann und werden dafür sehr preiswert bezahlt. Eine deutsche Frau will von einem Mann verwöhnt werden.«

Hast auch du solche Gedanken? Das kann ja mal ganz aufregend für dich sein, so ein

Erlebnis zu haben. Bedenke jedoch auch die Aidsgefahr. Du hast Abenteuer pur. Es geht dir nur um Sex. Aber du willst doch eigentlich von einer Frau geliebt werden. Du kommst aus dem Urlaub zurück. Ist da nicht ein unsicherer Gedanke? Hab ich mich mit Aids oder sonstigen Geschlechtskrankheiten angesteckt? Falls du der Versuchung nicht widerstehen konntest und dieses Erlebnis hattest, dann kläre zumindest hinterher die Situation mit deinem Arzt. Du willst ja schließlich keine Krankheiten auf eine andere Frau übertragen!

Zum Glück hat sich in den letzten Jahren für die deutsche Frau viel verändert. Wir sind nicht mehr die Frau, die lustlos sich dem Mann zur Verfügung stellt und nur er seine sexuelle Lust auslebt. Wir deutschen und europäischen Frauen wissen mittlerweile auch, wie schön Sex sein kann. Wir wollen mehrmals einen Höhepunkt haben. Das heißt für den Mann, dass er sich erstmals auf die Frau konzentriert, bevor er zu seinem Orgasmus kommt. Es ist ein Geben und ein Nehmen. Und wenn ein Mann nur an

Petting Interesse hat, ist das für eine Frau nicht befriedigend. Auch beim Sex lernt man sich erst kennen, wenn man mehrmals miteinander schläft. So entdeckt man die Vorlieben des anderen. Der Sex wird oftmals immer besser und schöner.

Du solltest deinen Kopf und dein Herz frei haben für deine neue Liebe. Wir Frauen sind sehr sensibel und merken sehr schnell, wenn ein Mann sich nicht auf sie einlässt. Sex ohne Gefühle fühlt sich anders an. Es fehlt die Leidenschaft, das Begehren und die Hingabe des Mannes. Deshalb habe ich dich auch zu Anfang gefragt, ob du für eine neue Beziehung offen bist. Solange du noch an die Ex denkst, kann nicht wirklich etwas neues Großartiges entstehen. Ebenso solltest du in der Lage sein von deiner Arbeit abzuschalten. Also gib dich dem Augenblick hin. Genieß den Sex mit deiner neuen Partnerin. Lass dich fallen, vergiss alles um dich herum und du wirst eine wunderbare Intimität erleben.

Beim Sex gilt: Nicht die Quantität sondern die Qualität ist entscheidend. Ich habe mich mit Männern unterhalten, die von mir wissen wollten, wie lange eine Frau Sex haben will. Pauschal kann ich das nicht beantworten. Jede Frau hat ihre eigenen Vorstellungen. Sie wünscht sich jedoch deine ganze Aufmerksamkeit. Sie braucht das Gefühl, dass du geistig und körperlich bei ihr bist. Du spürst, wenn sie genug hat und noch hinterher kuscheln möchte. Aber auch mal spontanen Sex in der Küche, auf dem Sofa, in der Badewanne, am See, im Meer oder Strand - so was lieben wir auch. Es kann auch mal sein, dass wir in der Nacht aufwachen und Lust haben. Wir lieben kreative spontane Männer!

Also, bist du ein Egoist im Bett oder macht es dir auch Spaß auf deine Frau einzugehen? Ich wünsche mir, dass du eine Partnerin auf Augenhöhe suchst - gerade auch im Bett.

AUSGEFALLENE SEXPRAKTIKEN

Solltest du auf Sexspiele stehen, kannst du sie damit konfrontieren. Vielleicht hat sie damit Erfahrung oder sie ist für Neues offen und entdeckt auch ihre Vorlieben dafür. Manche wollen ihren Sex in einem Swinger Club ausleben. Das ist nur dann akzeptabel, wenn beide das wollen. Wenn du das gerne willst, sie aber dafür überhaupt kein Interesse zeigt, wirst du das so hinnehmen müssen oder du suchst dir eine Partnerin die das mag. Wenn du zu den Männern gehörst, die mit normalem Sex keinen Orgasmus mehr bekommen, solltest du das Thema ansprechen. Jedoch nicht beim ersten Date, aber beim zweiten.

GIBT ES ÜBEREINSTIMMUNG
BEIM SEX?

Wenn es beim Sex keine Übereinstimmung gibt, wird die Beziehung auf Dauer nicht halten. Deshalb ist dieser Punkt sehr entscheidend.

Es gibt Männer, die von ihren Frauen verlassen wurden und diese bis heute nicht wirklich wissen warum. Sie sind ausgezogen und haben fadenscheinige Gründe vorgeschoben. Aber in Wirklichkeit war es oftmals der langweilige Sex. Die Frauen haben einen besseren Liebhaber kennen und lieben gelernt. Sie wollten den Verlassenen nicht kränken, da er schon genug durch die Trennung leidet. Das ist eine traurige Tatsache. Es gibt natürlich auch Frauen die überhaupt oder nur wenig Interesse an Sex haben. Wenn dies für dich auch nicht wichtig ist, dann ist es in Ordnung. Wenn eine Frau jedoch gerne intim ist und du vielleicht in den besten Jahren bist, aber Potenzprobleme hast, dann must du zum Arzt. Klär die Situation und lass dir gegebenenfalls Potenzpillen verschreiben. Glaub mir, niemand spricht darüber, aber der Markt mit Viagra floriert. So viele Männer nehmen diese Pillen mittlerweile ein.

SEXERFAHRUNGEN – AUSTAUSCH UNTER FREUNDINNEN?

Reden Frauen über ihre sexuellen Erfahrungen mit Männern? Ja, das tun sie. Das soll dich jetzt natürlich nicht verunsichern. Aber unter Freundinnen wird fast alles besprochen. Bis ins letzte Detail zwar nicht, aber ob du ihre Erwartungen erfüllt hast, das erfährt die Freundin schon. Zwischen meinen beiden Beziehungen lernte ich in einem Tanzlokal Orietta kennen. Ich fand sie sehr nett und wir haben uns unterhalten. Wir gingen manchmal auch gemeinsam aus. Sie war damals schon einige Zeit alleine und ich erst wieder frisch auf dem Tanzparkett unterwegs. Es war sehr amüsant, was sie über die Männer in den Diskotheken zu erzählen wusste. Sie hatte schon einige näher kennengelernt und somit wurde ich bestens von ihr informiert. Ich wusste, wer gut und wer schlecht im Bett ist, wie die Wohnungen aussehen, was für Autos die Männer fahren und ob sie die Frauen wie die

Hemden wechseln. Also du siehst, wir Frauen tauschen unsere Erfahrungen aus.

PLAN FÜR DAS ERSTE MAL

Was ich vor einiger Zeit erlebt habe, soll dir veranschaulichen, dass das nicht der optimale Ansatz für das erste Intimwerden ist. Ich habe einen Mann kennengelernt. Wir waren uns sofort sympathisch, trafen uns einige Male und irgendwann sprach er das Thema Sex an, denn er spürte, dass ich mehr von ihm wollte als nur Berührungen und Küsse. Er wurde beim Abendessen etwas verlegen und ich merkte, dass er mir etwas sagen wollte, aber nicht wusste, wie er das Gespräch anfangen sollte. Endlich etwas wirr daher gesprochen fragte er mich, ob ich zurückliegend häufigen Sex mit verschiedenen Männern hatte, ich einen Aidstest habe und ansonsten gesund bin. Bis dahin fand ich das Gespräch auch gut. So dachte ich, haben wir das schon gegenseitig geklärt, falls wir beim nächsten Treffen zum ersten Mal intim werden. Es vergingen ein paar Tage bis wir uns wieder sahen. Er war an diesem Abend einerseits sehr nett und suchte meine Nähe, hatte aber Hemmungen oder zu wenig Selbstvertrauen, um mit mir zu schlafen. Und er kam mit den Argumenten »ich habe heute Abend zu viel getrunken und außerdem es ist schon spät.« Dann schlug er vor: »Lass uns morgen Abend nicht weggehen, wir essen eine Kleinigkeit zu Hause und dann gehen wir früh ins Bett. So haben wir genügend Zeit. Sollen wir nun mit Kondom oder ohne. Und wenn ohne, darf ich in dir kommen, oder auf deiner Brust. Darf ich dich von hinten nehmen?« Ehrlich gesagt, das war einfach zu viel Abgesprochenes im Vorfeld, es wurde zu sehr sachlich. Als ich an diesem Morgen aufwachte, dachte ich den ganzen Tag an seine Worte. Heute Abend also, endlich wollte er Sex mit mir. Und ich war den ganzen Tag angespannt. Nach dem Abendessen saßen wir gemütlich auf dem Sofa. Aber es herrschte den ganzen Abend über eine seltsame

Anspannung. Wir waren beide zu sehr auf das jetzt Sex machen fixiert. Es war mittlerweile 22 Uhr. »So lass uns ins Bett gehen« meinte er. Aber es war alles so nüchtern. Keine Spontanität. Keine Spannung und irgendwie auch keine Lust. Ich kam mir wie ein Teenager vor, der zum ersten Mal mit einem Jungen Sex praktizieren will. Du kannst dir vorstellen, dass dieser Abend kein Highlight wurde. Am Rande hierzu aber fairer Weise noch erwähnt: Wir hatten die Tage darauf wunderbaren spontanen Sex und ich erinnere mich sehr gerne an diese schöne Zeit zurück.

Warum ich dir diese Erfahrung aus meinem Leben berichte? Ich habe festgestellt, Männer, die längere Beziehungen hinter sich gelassen haben, sind in Bezug auf Sex mit einer neuen Partnerin oftmals zurückhaltend und verunsichert. Er will unbedingt, dass es ihr gefällt und geht zu ängstlich mit der Situation um. Da kommt nicht wirklich eine erotische Stimmung auf. An zu vieles muss er denken. Aber vergiss hierbei nicht die Tatsche, auch für die Frau ist er ein neuer Partner. Sie hat vielleicht einen kleinen Bauch ober findet ihre Oberschenkel zu dick. Sie denkt an diese Dinge und hofft, dass er darauf nicht allzu viel Wert legt. Und auch sie ist natürlich aufgeregt und unsicher.

Was ich dir damit sagen will: Wenn du seit einiger Zeit keinen Sex mehr hattest, dann versuche trotzdem locker zu bleiben. Du kannst ihr andeuten, dass dies so ist und du nicht weißt, ob du lange genug einen steifen Penis haben wirst, um sie mehrmals zum Höhepunkt zu führen. Das ist ok. Sie weiß dann Bescheid, dass du ihr wichtig bist - auch im Bett.

Wenn du deine neue Liebe bei dir zu Hause empfangen willst, dann gestalte eine nette Atmosphäre. Dies gelingt dir mit ein paar Kerzen im Raum und romantischer Musik. Frage sie was sie trinken mag und lass dir mit dem Verführen Zeit. Beginn deine Auserwählte zu streicheln, sei dabei leidenschaftlich, auch beim Küssen. Sie liebt es, deine Zunge zu spüren. Jedoch lass ihr noch Luft zum Atmen. Beim

Küssen entwickeln sich bei der Frau sehr intensive Gefühle, die es ihr ermöglichen, den Sex mit dir ganz toll zu erleben. Und schließlich hast du auch Hände, mit denen du eine Frau schon mal vorab zum Höhepunkt bringen kannst. Also, sei etwas kreativ.

Ich vergleiche Sex gerne mit leidenschaftlichem Tanzen. Auch beim Salsa oder argentinischen Tango wäre tanzen ohne Leidenschaft und Hingabe nur Show. Nun ich will nicht zu weit hier ausschweifen. Da kommt meine Leidenschaft zum Tanzen durch. Aber erwähnen möchte ich doch, dass ich in diesen zwei Jahren nur drei wirklich leidenschaftliche Tänzer kennenlernte und sofort für diese Gefühle entwickelt habe. Also gute Tänzer lernen auf der Tanzfläche auch leidenschaftliche Frauen kennen. Vielleicht inspiriert dich das und du machst einen Tanzkurs.

WOCHENENDBEZIEHUNGEN

In der heutigen Zeit ist das Arbeiten an verschiedenen Orten oftmals die Realität. Aber auch durch Bekanntschaften über eine Internetbörse sind Beziehungen auf große Entfernungen keine Seltenheit. Also, du solltest dir darüber im Klaren sein, welche Entfernung für dich noch ok ist. Das hängt im Wesentlichen davon ab, ob du deine neue Liebe täglich berühren und sehen willst. Vielleicht ist eine Wochenendbeziehung auch eine Option für dich. Natürlich bringt eine Fernbeziehung auch Kosten für die Fahrt mit sich. Außerdem verbringst du Zeit auf der Straße. Oftmals ist das aber ein Anfang und nachdem man sich besser kennengelernt hat, ist einer von beiden bereit umzuziehen.

Es gibt sogar Chancen für Beziehungen, die mehrere Stunden Flug voneinander getrennt sind. Wenn sich beide wirklich lieben. Du hast einen gutbezahlten Job im Ausland angenommen? Wenn sie wirklich deine Traumfrau ist, wird sie dich mehrmals im Jahr besuchen kommen und wenn du es dir ernsthaft wünschst, eines Tages zu dir fliegen ohne Rückflugticket. Wahre Liebe kennt keine Grenzen!

KINDER AUS DER VORHERIGEN BEZIEHUNG

In einer gescheiterten Beziehung leben die Kinder meistens bei der Mutter. Das heißt, kannst und willst du für die Kinder deiner neuen Frau hier Einsatz bringen? Hast du selbst Kinder, die alle zwei Wochen übers Wochenende zu dir kommen wollen? Das sind Fragen, die du unbedingt mit deiner neuen Freundin alsbald besprechen solltest.

Umso mehr, wenn man frisch verliebt ist, braucht die Liebe Raum und Zeit. Wenn hier Kinder zu sehr im Vordergrund stehen, ist das eventuell ein Problem für beide von euch und die Beziehung scheitert. Wenn alle zwei Wochen deine Kinder das Wochenende bei dir verbringen, kannst du deine neue Partnerin bei den Vorhaben mit den Kindern einbinden. Es ist egoistisch, dass die Mütter mit neuen Partnern leben, aber oftmals von den Vätern erwartet wird, dass sie das Wochenende alleine mit den Kindern zu verbringen haben. Du kannst deine neue Liebe nicht wie einen Regenschirm aufspannen. Das ist unfair ihr gegenüber. Die Kinder werden sich daran gewöhnen müssen, dass auch du das Recht auf eine neue Partnerschaft hast.

EIGENEN KINDERWUNSCH IM REIFEREN ALTER

Du hast vielleicht noch keine Kinder und bist um die 40 Jahre oder aber deine Kinder aus der letzten Beziehung sind bereits erwachsen. Da nicht nur Frauen, sondern auch Männer in die

Wechseljahre kommen, überfällt manche dieser Spezies in dieser Zeit das Gefühl, sie wollen Vater werden. Wenn du in der gleichen Situation bist, überleg dir diesen Schritt jedoch sehr gut. Ich kenne einige in meinem Umfeld, die jetzt Mitte 40 sind und nochmals Kleinkinder von jüngeren Frauen haben. Die Beziehung allerdings nur von kurzer Dauer war. Die Frauen verließen ihre überforderten älteren Lebensgefährten und sind zu jüngeren Männern gezogen. Du hättest dann alle 14 Tage Papa-Wochenende. In dieser Situation ist es sehr schwer, eine neue Partnerin zu finden. Keine Frau will vermutlich Ersatzmama am Wochen-ende spielen. Die Frau über 45 will ihr Leben mit einem Mann genießen, der die Kleinkindphase hinter sich hat. Es gibt im Laufe des Lebens für alles eine Zeit. Der Kinderwunsch sollte so geplant sein, dass du im Kindergarten nicht für den Opa gehalten wirst. Kinder haben gerne vitale junge Papas. Es gibt zwar immer für alles eine Ausnahme. Aber ich schreibe über die normale Realität.

WO FINDE ICH NUN MEINE TRAUMFRAU?

Du hast alle vorherigen Punkte gelesen und handelst danach? Dann ist es Zeit für die Frage: Wo finde ich nun meine Traumfrau?

Die beste Form des Kennenlernens ist immer noch die persönliche. Es treffen zwei Menschen aufeinander. Man nimmt die Gesten, die Körpersprache und auch den Blickkontakt wahr, stellt gleich fest, ob man sich auf einer Wellenlänge befindet und sich riechen kann. Deshalb schlage ich dir vor, es erstmals auf diese Weise zu versuchen. Ich gehe davon aus, dass du innerhalb deines Freundes- und Bekannten- kreises bereits recherchiert hast. Das berufliche Umfeld eignet sich nur, wenn es sich um ein größeres Unternehmen handelt. In kleinen Firmen wird eine gescheiterte Beziehung oftmals zum Problem. Deshalb gehen wir beide andere Wege!

DU BIST ALLEINE UNTERWEGS

Ich rate dir: Geh an Orte, an denen du Frauen treffen kannst, welche die gleichen Interessen haben. Wenn du zum Beispiel gerne Tennis spielst, dann schau dich doch mal in den verschiedenen Clubs um. Meistens gibt es Treffpunkte für die Pausen oder nach dem Sport. Oder geh zu Vorträgen die dich interessieren, lerne Sprachen, besuch Museen oder melde dich bei einem Tanzkurs an. Es gibt so viele Möglichkeiten jemanden direkt kennenzulernen. Und wenn ihr euch bei den gleichen Interessen findet, ist das schon mal ein toller Anfang.

Wunderbar kannst du auch Frauen treffen, wenn du dich in einem Café, einer Bar oder in einem Tanzlokal befindest. Ruf der Bedienung, bestell zwei Sekt und lass ihr ein Glas an ihren Platz bringen. Sie wird nachfragen, von wem das Getränk ist. Dann schau zu ihr rüber mit einem Lächeln und sie wird in der Regel aufstehen und zu dir kommen, um sich zu bedanken und mit dir anzustoßen. Dann kannst du ihr zum Beispiel sagen: »Sie sind mir aufgefallen. Sie haben so ein schönes Lächeln, das ist ansteckend. Ich heiße übrigens Klaus Müller und freue mich Sie kennenzulernen. Möchten Sie sich gerne zu mir setzen? Das wäre mir eine Freude.« Du kannst auch gleich mit dem »Du« anfangen: »Zum Wohl, ich bin der Klaus. Ich finde dich unheimlich nett. Dein Lächeln ist ansteckend. Schön dass ich dir begegne. Möchtest du dich gerne zu mir setzen?« Das ist ganz einfacher Small talk. Vielleicht ist sie jedoch mit einer Freundin unterwegs. Dann wird sie nur kurz zu dir rüberkommen und dann wieder an ihren Platz zurückgehen. Vielleicht bleibt sie auch sitzen und prostet dir mit einem Lächeln zu. Beim Verabschieden geh dann aber zu ihr, stell dich kurz vor und gib ihr deine Handynummer, die du zuvor auf einen Zettel geschrieben hast und sag ihr, dass du sie gerne wiedersehen möchtest und dich über einen Anruf freust.

DU BIST MIT EINEM FREUND

UNTERWEGS

Wenn du sehr schüchtern bist und dir alleine der Mut fehlt ein weibliches Wesen anzusprechen, dann frage einen Freund ob er dir dabei hilft.

Plan 1:

Wenn du mit einem Freund in der Stadt unterwegs bist, könnt ihr z.B. auf eine Frau zugehen und einer von euch sagt mit einem Lächeln: »Hallo Entschuldigung, dürfen wir Sie um Ihren Rat fragen? Ich habe meinem Freund geraten sich die Haare etwas kürzer zu schneiden, was meinen Sie dazu? Würde ihm das stehen?« Das ist ein wunderbarer Türöffner. Das gleich könnt ihr mit modischen Jeans oder Turnschuhen machen.

Plan 2:

Ihr beide seht zwei interessante Frauen, dann könnt ihr sie beispielsweise folgendermaßen ansprechen: »Hallo, wir suchen hier eine gemütliche Kneipe, könnt ihr uns einen Tipp geben?« Wenn sie darauf lächeln und euch ein Lokal vorschlagen, könnt ihr sie fragen: »Vielleicht habt ihr Zeit und Lust gemeinsam mit uns Kaffee zu trinken. Wir würden euch gerne dazu einladen. Das wäre wunderbar.«

DU BIST MIT FRAUEN UNTERWEGS

Plan 1:

Wenn du bereits eine erwachsene Tochter hast, dann bitte sie dich an einem Abend zu begleiten und beim Flirten zu unterstützen. Du solltest auf jeden Fall vorab dein Vorhaben mit ihr besprechen. Sie wünscht sich bestimmt wieder einen glücklichen Papa und wird dir helfen. Mein Vorschlag: Ihr geht in eine Location wo du sicher bist, dass sich auch Frauen aufhalten. Wenn dir ein weibliches Wesen gefällt, dann geht deine Tochter zu ihr hin und sagt: »Entschuldigen Sie bitte, ich bin heute mit meinem Vater unterwegs und er schaut die ganze Zeit zu Ihnen herüber. Er ist sehr schüchtern und deshalb ergreife ich die Initiative und spreche Sie an. Haben Sie Lust an unseren Tisch zu kommen? Das wäre wunderbar.« Wenn sie ablehnt, dann gib ihr seine Telefonnummer. »Rufen Sie ihn an, wenn Sie Zeit und Lust haben und trinken einen Kaffee mit ihm? Er würde sich sehr freuen.«

Plan 2:

In diesem Fall brauchst du etwas Mut! Du fragst in deinem weiblichen Bekanntenkreis, ob sie dich in eine Location begleiten. Stelle dir vor, du betrittst eine Bar oder ein Tanzlokal mit zwei oder drei attraktiven Frauen. Wichtig: Euer Auftreten muss eine seriöse Ausstrahlung haben. Nicht dass man dich für einen Zuhälter hält. Glaub mir, das fällt auf. Die anderen Frauen denken, was ist das denn für ein Mann, der gleich mit mehreren Frauen unterwegs ist? So machst du dich interessant. Schau dich um und wenn dir eine Frau gefällt und sie zu dir schaut, lächle und flirte. Übertreib jedoch nicht. Sonst hält sie dich für einen Weiberheld. Sondere dich etwas von deinen weiblichen Begleiterinnen ab. Geh dann zu der Auserwählten und frag, ob sie mit dir tanzen möchte. Befindest du dich in einer Bar kannst du das WC aufsuchen und dann an ihr vorbeigehen. Sprich sie an und frage sie zum Beispiel: »Hallo, bist du öfters hier? Meine Bekannten haben mich heute Abend mitgenommen, um mir diese Location zu zeigen. Das ist wunderbar, so habe ich dich hier getroffen. Ich freue mich. Übrigens ich heiße Oliver.« So hast du die Situation vorab klargestellt. Frag sie ob du sie zu einem Getränk einladen darfst. Wenn sie zustimmt, bleib entweder bei ihr stehen oder such dir einen neuen Platz. Du solltest sie nicht an den Tisch zu deinen weiblichen Unterstützerinnen bitten. Da würde sie sich nicht wohl fühlen. Wenn sie ablehnt, dann biete ihr deine Telefonnummer an, damit ihr euch wiedersehen könnt. Bring deine Freude zum Ausdruck und sag es ihr auch. »Schön, dass ich dich getroffen habe. Ich würde dich gerne zu einem Kaffee einladen, wo wir uns ungestört unterhalten können. Du würdest mir eine große Freude machen. Bis bald und einen schönen Abend noch.« Und lächle sie dabei an.

ANZEIGEN IN DER ZEITUNG

Als Alternative kannst du Anzeigen in Zeitungen schalten. Aber hierbei ist kreatives und gut formuliertes Schreiben nötig, um eine Chance bei den Frauen zu haben. Du hast anfangs nicht die Möglichkeit über deine Stimme und dein Charisma zu punkten.

Kennst du so oder ähnliche Anzeigen in den Zeitungen?

Ich (m) 49 J. liebe die Natur und meinen Garten und suche eine schlanke, hübsche Frau zw. 35-45. Bitte schreibe mir unter Chiffre Nr. mit Bild

Glaub mir, diese Männer sind sehr naiv. Welche Frau sollte sich auf so eine Anzeige melden. Die Erwartungshaltung ist an der Realität vorbei. Versetz dich doch einmal kurz in die Lage der Frau. Der Briefkasten des Anzeigenaufgebers bleibt vermutlich leer. Also auf solche Ideen solltest du erst gar nicht kommen. Hier liest die Frau zwischen den Zeilen. Sie denkt, er sucht eine Frau die sein Haus oder seine Wohnung in Ordnung hält. Das Wochenende verbringen sie in seinem Garten mit Grillen und Freunden und Bier. Vermutlich hat er einen dicken Bauch, sitzt vor dem TV und schaut Sport. Aber hübsch und jung soll seine Traumfrau sein. Und wenn sie den Haushalt erledigt, umso besser.

Auch diese Anzeige zeigt klar was der Mann sucht:

Netter Mann, Ende 50, NR, NT, ledig, sucht schlanke Sie, gern auch wesentlich jünger, für gemeinsame Zukunft ...Zuschriften an ....

Was liest hier eine Frau heraus? Ein fast 60jähriger lediger Mann! Ein Mann also, der in seinem ganzen Leben keine Verantwortung für eine gemeinsame Zukunft haben wollte, sucht jetzt, wo er auf die 70zig zugeht eine schlanke und hübsche, wesentlich jüngere Frau. Hat er Statusprobleme oder sucht er eine Haushälterin? Was gibt er von sich preis? Er ist nett!

Du verstehst was ich damit sagen will? Welche Ladys, die diesem Typ Frau entsprechen, sollten sich um Himmels willen auf solche Anzeigen melden?! Ich schlage Zeitungen auf und sehe ständig solche bzw. ähnliche Inserate.

Wenn du beabsichtigst eine Anzeige aufzugeben, dann schreib von dir und such ein passendes Pendant. Was sind deine Vorstellungen an eine neue Partnerin? Aber auch, was kannst du einer Frau bieten? Warum soll sie sich auf deine Anzeige melden? In der heutigen Zeit unbedingt deine Email-Adresse oder Handynummer angeben. Heb dich von der Masse ab. Überlege dir eine originelle Anzeige. Jedoch wichtig: Bleib bei der Wahrheit! Erwarte nicht, dass sie dir gleich ein Foto beifügt. Deshalb kannst du dir diese Aufforderung in der Anzeige sparen. Beim Email Kontakt könnt ihr euch gegenseitig Fotos zusenden.

INTERNET PLATTFORMEN

Mittlerweile gibt es einige Singlebörsen. Angeblich lernen sich auf solchen Plattformen viele Paare kennen. Aus meinem Bekanntenkreis war dies jedoch nicht der Fall. Ich wollte mir deshalb selbst ein eigenes Bild über diese Form des Kennenlernens machen und habe mich bei einer angemeldet und zwei Fotos eingestellt. Eines mit meinem Profil und eines mit kompletter Figur. Und ich denke, ich habe ein sehr ansprechendes Aussehen, ohne gleich überheblich zu sein. Ich stellte auch ein kurzes Profil ein und welche Erwartungen ich an einen neuen Mann an meiner Seite habe. Ich war sehr neugierig, wer mich auf meiner Profilseite besuchen wird. Ich bekam auch gleich viele Nachrichten. Einige habe ich sofort aussortiert. Die Profile und Fotos dieser Herren waren zu primitiv. Aber manche Nachrichten waren sehr nett und ich war nun neugierig auf ihre

Stimmen. Waren diese angenehm, habe ich mich mit den Männern getroffen.

Hier nun einen kleinen Auszug aus meinen Erfahrungen:

Hartmut, 50 Jahre, selbstständig, fährt Roller und einen Sportwagen und bei schönem Wetter Rad.

Ich denke, er ist also sportlich und ich kann mit ihm einiges unternehmen. Seine Stimme am Telefon klang ganz nett und ich verabredete mich mit ihm. Wir nützen einen schönen Sommertag und fuhren mit seinem Sportwagen in den Schwarzwald. In einem netten Café mit Ausblick tranken wir Kaffee.

Dass ich ihm gefalle war an seinem Blick leicht zu erkennen. Aber was habe ich vorgefunden? Einen gehbehinderten Mann mit Bauch. Wir sitzen nun beide da und schauen auf die Natur. Er ist nicht imstande ein Gespräch zu führen. Ich frage nach seiner Gehbehinderung und erfahre von seinem Unfall und seinen Beschwerden mit dem Bein. Also tanzen kann er nicht, lässt er mich wissen und ich frage mich, warum ich mich mit ihm überhaupt getroffen habe. Ich hatte ihm doch am Telefon mitgeteilt, wie wichtig tanzen für mich ist. Ihn interessierte noch meine Unterwäsche. Seine Vorliebe wäre blau. So dachte ich, das reicht und ich schlug vor wieder zurück an den Parkplatz zu fahren, wo ich mein Auto geparkt hatte. Ich versuchte mit Politik ein Gespräch im Auto in Gang zu halten und hoffte, bald wieder aussteigen zu können. Ich verabschiedete mich und schrieb ihm als ich zu Hause ankam, dass wir beide nicht zusammen passen.

Das Date hätten wir uns beide sparen können. Also mein Appell nochmals an dieser Stelle: Wenn du in Internetbörsen unterwegs bist, sei ehrlich! Frage dich mal, was sind die Interessen einer Frau die du anschreibst. Das Foto mag dir gefallen, aber lies dann auch, welche Vorstellungen sie von einem Mann hat. Du kannst schwindeln und auch am Telefon falsche Informationen von dir geben. Aber wenn sie sich mit dir trifft fliegt alles auf.

Ihr habt dann beide Zeit investiert und seid frustriert. So war es auch mit Gerhard, 40 Jahre, keine Kinder von Beruf Bautechniker. Ich hatte in meinem Portfolio erwähnt, dass ich einen schlanken Mann mit ca. 1,80m gerne kennenlernen würde mit Vorliebe fürs Tanzen. Er teilt mir am Telefon mit, dass er zwar nur 1,77m ist aber er denkt das wäre ok für mich. Er hatte nur ein Profilfoto eingestellt. Gut dachte ich, Nummer 2. Vielleicht passt es bei diesem Mann besser. Wir verabredeten uns, dieses Mal vor dem Rathaus in Offenburg und gingen gemeinsam in eine Kneipe. Na denke ich, das kann jetzt wohl nicht wahr sein. 1,77m! Ich bin mit Schuhen 1,67m und er ist gleich groß. Also auch hier geschwindelt. Als wir es uns in dem Lokal gemütlich machten und einen Kaffee bestellt haben, spreche ich ihn auf die Größe an. Er behauptet immer noch diese Angabe würde stimmen. Nun denke ich, jetzt mal das Gespräch auf das Tanzen lenken. Also er kann tanzen, jedoch macht es ihm nicht wirklich Spaß. Er geht lieber Wandern. Als er mir noch von seinem sexuellen Missbrauch als Kind und seinen Problemen mit Sex mit einer Frau berichtet denke ich, jetzt wird es aber höchste Zeit zu gehen. Na, Reinfall 2.

Es geht weiter mit Stefan, 47 Jahre. Beim Treffen stimmen Größe und er könne wohl tanzen. Wohnt jedoch 30 km von mir entfernt. Wäre im Grunde keine Strecke, aber jetzt kommt's: Er hat kein Auto. Na denke ich, das könne man ja ändern. Als er mir dann aber gesteht, er hat auch keinen Führerschein frage ich ihn, wie er sich das vorstellt mit mir tanzen zu gehen. Daraufhin meinte Stefan, er wollte sich gerne von mir chauffieren lassen. Ok denke ich, jetzt mal die Plattform verlassen. Alles vergeudete Zeit. Ich lief schnell zu meinem Auto und bin dabei hingefallen. Beide Knie bluteten. Da sieht man heute noch und erinnert mich an diesen Reinfall Nr. 3

Na endlich, denke ich. Es schreibt mir Michael. Er ist 49 und hat ein Kind mit 18 Jahren. Liebt tanzen, weggehen, Urlaub machen. Das liest sich schon mal super. Wir telefonieren und treffen uns. Diesen Mann habe ich sogar drei Mal getroffen. Beim dritten Date verrät er mir, dass er in Wirklichkeit 55 Jahre ist und 2 Kinder hat, die ihn schon beide zum Opa gemacht haben. Er habe ein Problem mit dem Alter. Seine Exfrau würde in zwei Wochen heiraten und er will mich als seine neue feste Partnerin dort vorstellen. Das war zu viel für mich. Also wenn alles schon mit Lügen anfängt, hat eine Beziehung keine Chance und beendete diese Bekanntschaft per Email.

Ich denke, du verstehst anhand dieser Beispiele, dass »Lügen kurze Beine haben«. Sie führen dich nicht zum Ziel. Nur mit Aufrichtigkeit schaffst du die Basis für eine neue Beziehung.

FRAUEN UND IHR ALTER

Eine Frau in der heutigen Zeit ist mit 40, 50 oder gar 60 Jahren nicht wirklich alt. Und ich stelle fest, dass immer mehr Männer ältere Frauen an ihrer Seite haben. Die Stars und Menschen in der Öffentlichkeit machen es uns vor. Aber auch in meinem unmittelbaren Freundeskreis treffe ich auf diese Konstellation.

Auch mein Exmann war 2 Jahre jünger und mein langjähriger Lebenspartner war 9 Jahre jünger als ich. Beide Beziehungen hielten immerhin fast 15 Jahre.

Wir Frauen altern langsamer als Männer. Das ist eine Tatsache. Männer bevorzugen mittlerweile eher reifere Partnerinnen, weil diese Frauen Lebenserfahrung haben, Kinderwunsch meistens kein Thema mehr ist und das eigene Leben im Griff haben. Außerdem sind sie verlässlich. Ein Mann mit einer jüngeren Frau wird mehr gefordert. Es wird ihm immer wieder bewusst gemacht, dass sie bestimmte

Erwartungen an ihn hat. Sie sieht sich oftmals als Statussymbol und erwartet bestimmte Ressourcen. Es ist nicht generell so. Ich will hiermit nicht sagen, dass alle jüngeren Frauen nur deshalb mit einem älteren Mann zusammen sind, weil sie einen bestimmten Status genießen können. Aber sind wir doch mal ehrlich. Welche hübsche junge Frau würde sich mit einen älteren Herrn im Altersheim treffen wollen?

Also ist diese Konstellation jüngere Frau und älterer Herr für die Männer nicht uneigennützig. Sie präsentieren ihre Partnerin wie ihr Haus, ihr Auto und hier meine Frau. In der Midlife-Crisis glauben sie oftmals, sie können sich damit ihre Jugendzeit zurückkaufen. Außerdem wollen sie im höheren Alter von den jüngeren Frauen versorgt und gepflegt werden. Aber wenn diese Situation dann tatsächlich einritt, sind die meisten Frauen bei anderen, meist jüngeren Männern.

Wer also auf Status verzichten kann und eine harmonische Beziehung anstrebt ist bei reiferen Frauen in sehr guten Händen.

WAS SCHENKE ICH MEINER
TRAUMFRAU ZU ANLÄSSEN?

Für eine Frau ist es schön, wenn der Mann an bestimmte Anlässe denkt. So z.B. einen Monat zusammen sein, ½ Jahr und das erste Jahr natürlich. Für die unterjährigen Tage reicht eine SMS/Whatsapp mit einer kleinen Liebeserklärung aus. Das Einjährige sollte vielleicht mit einer Rose und einem gemütlichen Abendessen gefeiert werden. Da es nur wenige Menschen überhaupt schaffen, eine neue begonnene Beziehung über zwei Jahre hinaus zu halten, sollte man dies zum Anlass nehmen.

Außerdem hat sie Geburtstag. Hier vielleicht ein Parfum. Und zu Weihnachten Dessous in Rot. Rote Unterwäsche soll man schließlich an Silvester tragen, das würde Glück bringen. Ach ja, und den Valentinstag, den gibt es noch. Eine schöne selbstgemachte Karte oder eine gebrannte CD mit ihren oder deinen Lieblingssongs wäre eine gute Idee. Das Cover machst du selbst. Vielleicht mit einem Foto aus dem letzten Urlaub.

Wichtig: Es kommt nicht darauf an wie teuer ein Geschenk ist, sondern dass du überhaupt an den Anlass gedacht hast und ihr ein kleines Geschenk machst. Und vor allem mit Liebe es aussuchst!

Schreib ihr doch mal einen Liebesbrief, ein Gedicht oder ein paar Zeilen, die sie morgens, wenn du schon aus dem Haus bist, auf dem Küchentisch vorfindet. Einfach so! Vielleicht warst du mit Freunden unterwegs und hast die Zeit vergessen. Sie hat stundenlang auf dich gewartet. Da wäre eine solche Geste doch wunderbar angebracht. Sie wird dir schnell verzeihen.

WIE VERHALTE ICH MICH, WENN
SIE MIR GESCHENKE MACHT?

Wenn ich von mir ausgehe, mache ich einem Mann sehr gerne Geschenke. Ich denke mir dann stundenlang etwas aus und will unbedingt versuchen etwas zu finden oder selbst herzustellen, das ihm gefällt. So habe ich zum Beispiel eine selbsterstellte Karte oder eine CD mit meinen Lieblingssongs verschenkt. Und dazu noch ein schönes Hüllencover erstellt. Oder Claus habe ich in Malaysia mit einem Armband und einer Halskette von Fossil überrascht. Als ich in seinen Kleiderschrank sah, ging ich spontan in die Einkaufsmall und habe ihm neue Hemden gekauft. Das machte mir Freude. Ich war den ganzen Tag auf vier Etagen beschäftigt, seine Größe XL zu finden und dazu noch in Baumwolle und ausgefallen sollten sie auch noch sein. Du siehst, Frauen machen auch gerne Geschenke.

Wie verhältst du dich, wenn dir das Geschenk vielleicht nicht so ganz gefällt? Wichtig ist doch: Sie hat es mit Liebe ausgesucht! Und wenn ein Hemd aus Baumwolle nach der Wäsche nicht so glatt aussieht, wie eines mit anteiliger Synthetik, dann ziehe es trotzdem an. Oder hole das Bügeleisen aus dem Schrank. Schließlich ist Baumwolle gesünder. Sie wollte dir eine Freude bereiten. Nur das ist was zählt. Also bitte, zeig und sag ihr wie du dich über das Geschenk freust.

NENN DEINE LIEBE BEIM NAMEN

Ja wir Frauen wollen bei unserem Namen genannt werden. Wir sehen das als Wertschätzung. Wir hören gerne unseren Namen. Häufig sieht die Realität anders aus. Männer telefonieren oder treffen eine Frau und sagen oftmals die ganze Zeit über nicht ein einziges Mal den Namen. Viele Frauen haben mir das bestätigt. Also denk daran, sag ab und zu ihren Namen.

Ich habe nach den Gründen in meinem Bekanntenkreis recherchiert. Ich glaubte es kaum, oftmals bekam ich die Antwort, »ich will nicht versehentlich den Namen meiner Ex sagen, deshalb sage ich erst gar nichts.« Ein anderer teilte mir mit, »ich nenne alle Frauen an meiner Seite mit dem gleichen Spitznamen, so verkomme ich nicht.« Natürlich denke ich, manche Männer wechseln die Frauen wie ihre Hemden und dann könnte es in der Tat schwierig werden immer den richtigen Namen zu sagen.

»Say my name« ist ja ein ganz bekannter Song von Destiny's child. Und wir stellen fest, auch Sängerinnen verarbeiten dieses Thema in ihren Liedern.

Also hier kannst du sehr gut punkten. Denk daran, sag ihr immer wieder ihren Namen! Vergiss das nie, auch nicht nach Jahren.

MACH IHR KOMPLIMENTE

Wenn eine Frau dich am Abend mit einem Lächeln an der Haustür empfängt und sich hübsch für dich angezogen hat, sei dir bewusst, sie hat es für dich getan. Sie wünscht sich deine Anerkennung und freut sich auf einen schönen gemeinsamen Abend. Du kannst ihr einen Kuss geben, dann ins Bad gehen, dich gemütlich vor den TV setzen und nebenbei stumm dein Essen in dich hineinschlingen. Glaub mir, dann wird sie das nicht wieder für dich machen. Also, was willst du? Sag ihr doch einfach was Nettes.

Es gibt so vieles was du ihr sagen kannst. Z.B. ein Kompliment über das Essen, über das tolle Kleid, das sie heute trägt, ihre Haare. Oder sage: »Ich habe heute sehr oft an dich gedacht, ich habe dich vermisst.« Du kannst ihr auch sagen, »es ist so schön zu Hause zu sein. Endlich sehe ich deine wunderschönen Augen wieder.« Oder lächle sie an, breite deine Arme nach ihr aus und flüstere leise: »Komm in meine Arme bitte« und drück sie einen Moment an dich heran. Streichle ihre Hände, küsse sie. Das Glück liegt in den kleinen Gesten und Momenten des Lebens und diese solltet ihr beide genießen.

Deshalb merke dir: Mach ihr jeden Tag mindestens ein Kompliment!

ÜBER GEFÜHLE SPRECHEN

Leider haben sehr viele Männer damit ein Problem. Sie haben in ihrem Elternhaus häufig wenig Liebe und Nähe erfahren. Und statt nette Worte gab es eher Androhungen über Schläge. Das war während unserer Kindheit leider oftmals an der Tagesordnung. Sogar Lehrer hatten damals noch das Recht uns Schüler zu züchtigen. Heute nicht mehr vorstellbar. Zum Glück! Frauen haben in der Regel keine Probleme über Gefühle zu sprechen. Sie haben in ihrer Kindheit mit Puppen und Bären gespielt und so auf diesem Wege Nähe spüren und geben können. Jungs auf dem Fußballfeld hingegen haben sich lieber geprügelt. Also woher sollen sie denn nun plötzlich über Nähe und Liebe reden können.

Hier denke ich, ist einfach lernen angesagt. Es gab früher auch keinen PC und du weißt heute wie er funktioniert. Und warum, weil es dich interessiert hat. Alles was einem wichtig ist, will man können. Also fang an über Gefühle zu sprechen. Üb doch einfach! Das Sofakissen im Wohnzimmer eignet sich wunderbar dafür. Schau es an und sprich mit ihm. Das hört sich jetzt lustig an aber so einfach kannst zu üben. Und wenn du deiner Traumfrau gegen-überstehst, fang mit kleinen Schritten an. So z.B. »du hast wunderschöne Augen, die schauen mich so lieb an. Ich bin dabei mich in sie zu verlieben.« Und wenn du sie wirklich liebst, dann sag ihr das täglich doch einmal.

Und es gibt einen Unterschied zwischen: Ich hab dich lieb und ich liebe dich!!! Ich habe dich lieb, das sagen kleine Jungs zu ihren Müttern.

Also, wenn du sie wirklich liebst, dann benutz die drei Worte: Ich liebe dich!

WARUM WEINEN FRAUEN?

»Männer mögen nicht, wenn Frauen weinen!« – diese Aussage habe ich schon von so vielen Frauen gehört. Deshalb gehen sie zu einer Freundin, um ihre Probleme mit ihr zu besprechen und sich auch mal bei ihr auszuweinen. Das finde ich schade. Ich appelliere an euch: Männer hier muss sich etwas bewegen!

Ich fragte in der Männerwelt nach und wollte wissen, wo liegt eigentlich das Problem? Wieso sind die männlichen Spezies nicht imstande eine weinende Frau zu trösten? Es waren immer die gleichen Antworten: »Wir Männer kommen uns hilflos vor, verstehen nicht warum Frauen weinen.« Deshalb gehe ich in diesem Buch auf dieses Thema ein.

Also wenn eine Frau weint und du bekommst das mit, dann denk nicht gleich, dass du der Grund dafür bist und du etwas falsch gemacht hast. Wenn du sie nicht betrogen hast und sie es erfahren hat, dann hat es fast immer andere Gründe.

Deshalb rat ich dir, wenn deine Frau weint, bleibe ganz ruhig und nimm sie in deine Arme. Frag nach »warum weinst du?« und gib ihr Zeit zu antworten. So erfährst du ganz einfach den Grund. Häufig hörst du dann, dass sie Probleme am Arbeitsplatz hatte, sich gestritten hat mit ihrer besten Freundin, die Kinder sie heute extrem gestresst haben, einfach zu viel Hausarbeit war, ihre Lieblingsvase zu Bruch gegangen ist...usw.. Und wenn du sie erzählen lässt und einfach an der Situation Anteil nimmst, dann beruhigt sie sich auch sehr schnell wieder. Du warst da, als sie dich gebraucht hat. Sie wollte keine Lösungsvorschläge von dir, sondern eine Schulter zum Anlehnen. Das ist großartig für uns Frauen!

Als ich nach den wunderbaren drei Wochen bei Claus in Malaysia die Koffer packte, kamen mir auch die Tränen und er sagte: »War es denn nicht schön bei mir?« Dieser Gedanke von Claus war total falsch. Es war ja genau das Gegenteil der Fall. Es war einfach wunderschön mit ihm und ich wusste, dass ich aus dieser traumhaften Situation in die kalte Realität nach Deutschland gehen musste. Das war der Grund. Er konnte somit überhaupt nichts dafür, dass mir die Tränen über die Wangen gelaufen sind. Abschied nehmen ist für Frauen eine emotionale Sache. Da spielen die Hormone Achterbahn. Claus wusste nicht wie er mit der Situation umgehen sollte. Er wurde verlegen und ich versuchte meine Tränen zu verbergen. Auf die Idee mich einfach in den Arm zu nehmen, mich zu drücken und zu sagen: »Du kommst bald wieder und ich freue mich auf dich«, wäre wunderbar gewesen. Damit hätte er seine Freude auf ein Wiedersehen zum Ausdruck gebracht und mir den Abschied erleichtert.

Also, wenn du nächstes Mal einer weinenden Frau gegenüberstehst weißt du was du zu tun hast.

DÜRFEN MÄNNER WEINEN?

Es ist auch keine Schande, wenn du weinst. Natürlich will deine Frau einen starken Mann an ihrer Seite. Aber glaub mir, es ist auch für Männer besser, wenn sie nicht alle Sorgen in sich hineinfressen oder verdrängen. Irgendwann schlägt das in Aggressionen um und deine Frau wundert sich über deinen Wutausbruch, obwohl sie doch ihrer Meinung nach gar nichts dazu beigetragen hat. Oder du wirst krank. Also wenn du traurig bist, steht es auch dir zu Tränen zuzulassen. Deine Frau wird dich trösten und du fühlst dich hinterher viel besser.

MEINUNGSVERSCHIEDENHEITEN

Meinungsverschiedenheiten sind in einer Beziehung ganz normal. Wo zwei Individuen aufeinandertreffen gibt es gelegentlich auch unterschiedliche Sichtweisen. Es kommt nur darauf an, wie man mit dieser Situation umgeht. Manchmal entsteht ein Streit aufgrund von Kleinigkeiten und die Paare wissen oftmals im Nachhinein nicht mehr, welche Gründe dazu geführt haben. Deshalb meine Bitte, versuche in angespannten Situationen immer eine sachliche Klärung anzustreben.

Mein Tipp: Wenn du sehr schnell wütend wirst atme zuerst langsam durch und zähle auf 10, dann überlege, warum deine Frau mit dir streitet. Frage dich mal, wieso sie unzufrieden ist. Kann es sein, dass sie eine Bitte äußert und du keine Lust hast dieser nachzukommen? Erinnere dich daran, dass eine Beziehung nur gemeinsam eine Chance hat. Eine Entschuldigung wie »sorry, du hast recht, es tut mir leid«, oder »kann ich die Arbeiten auch am Samstag erledigen, da habe ich mehr Zeit und Muse?« sollte dir auch über die Lippen kommen können.

Einsichtigkeit, gegenseitige Rücksichtnahme und liebevolle Verständigung sind ein weiterer Schlüssel für ein erfolgreiches Liebesleben!

Ich höre leider immer wieder von Frauen, dass Männer gerne mal ein Glas zu viel Alkohol trinken, grundlos streiten und die Frauen schlagen. Das ist das Primitivste, was ein Mann tun kann. Die Frau ist ihm unterlegen, hat keine Chance und läuft dann tagelang mit Verletzungen herum. Dies in zweifacher Hinsicht. So ein Mann verletzt nicht nur ihren Körper, sondern auch ihre Seele. Und das traurige dabei ist, dass eine geschlagene Frau oftmals ihren Mann noch immer liebt und die Kraft zur Trennung nicht aufbringt.

Also, schlag niemals eine Frau. Es gibt nie einen Grund der das rechtfertigen würde! Ich wäre auch sehr enttäuscht von dir!

WIE HALTE ICH EINE BEZIEHUNG
LEBENDIG?

Ich habe dir jetzt schon einige Tipps gegeben. Wenn du diese Punkte befolgst, ist das schon ein sehr guter Start.

Verliebt sein – das ist ein wunderschönes Gefühl. Man lebt in einem verrückten Ausnahmezustand. Aus diesen Gefühlen wird sich entweder Liebe entwickeln oder du wachst eines Tages auf und fragst dich, warum bin ich bei dieser Frau. Deshalb gehen auch so viele neue Liebschaften in den ersten 6 Monaten bis 2 Jahre wieder auseinander. Außer den Schmetterlingen im Bauch, die irgendwann nachlassen, blieb nichts übrig. Das kann vorkommen, wenn ihr nach dieser Zeit feststellt, dass euch nichts verbindet.

Deshalb habe ich auch schon erwähnt, dass es wichtig ist dir eine Lebenspartnerin zu suchen, die gleiche oder ähnliche Interessen hat.

Ich denke darauf hast du geachtet. Dann hast du gute Chancen auf eine langjährige Beziehung.

Du arbeitest hart. Vielleicht täglich sehr viele Stunden und die Beziehung hat zu wenig Zeit sich zu entfalten. Beziehung braucht aber Zeit. Deshalb plane feste Zeiten mit deiner Frau ein. Überlegt euch, wenn ihr kleine Kinder habt, einmal wöchentlich einen Babysitter zu besorgen. Ein Tag in der Woche sollte euch gehören. Ungestört! Ihr könnt gemeinsam festlegen was ihr machen wollt. Frag sie, ob sie essen oder tanzen gehen will. Vielleicht hat sie lieber Lust auf Kino. Ich stelle in Restaurants immer wieder fest, dass Paare sich gegenüber sitzen, essen und sich nichts mehr zu sagen haben. Sie schauen sich nicht mal mehr in die Augen. Das finde ich sehr traurig. Soweit solltest du es nie kommen lassen. Also schau ihr in die Augen, stoßt mit euren Gläsern auf den wunderbaren Abend an und erzähl ihr, was du tagsüber getan hast und frag auch deine Frau, wie sie ihren Tag verbracht hat. Und sag ihr doch ganz nebenbei, dass sie ganz bezaubernd aussieht. Sprich über deine Träume und über deine Sehnsüchte. Genießt den Abend zu zweit.

Paare trennen sich und oftmals höre ich als Grund: »Wir haben uns auseinander gelebt«. Aber wenn ich nachhake, kommt keine weitere Äußerung. Also die Ursache ist doch einfach. Man muss bereit sein an einer Beziehung zu arbeiten. Und das mit Freude und Leichtigkeit! Dann hat sie gute Chancen auf eine längere Zeit. Und wenn einer von beiden spürt, wir passen zwar gut zusammen, aber etwas stört mich, dann muss man den Mut haben mit dem anderen zu sprechen. Es sind oftmals nur Kleinigkeiten. Aber sie werden einfach nicht angesprochen. Also mein Tipp: Alles was man auf dem Herzen hat, in einer ruhigen Atmosphäre mit überlegten sachlichen Worten ansprechen. Und was für dich ebenfalls wichtig ist: Du solltest dich in der körperlichen Nähe weiterentwickeln. Ganz besonders, wenn du eine langjährige Beziehung hinter dir hast. Das Licht aus und kurz mal Sex. Damit ist heutzutage keine Frau mehr zufrieden zu stellen. Ich habe einige weibliche Wesen befragt, warum sie sich nach mehr als 20 Jahren Ehe von ihren Männern getrennt haben. Und die Antwort lautete oftmals: »Es war der langweilige schlechte Sex.« Oder sie erzählten mir, dass die Gleichgültigkeit seitens der Männer immer größer wurde. Sie vermissten jede Wertschätzung. Die kleinen Gesten und Komplimente wurden nicht mehr praktiziert. »Ich liebe dich« haben viele Männer ihren Frauen oftmals seit vielen Monaten nicht mehr gesagt. Deshalb lass in deiner Beziehung keine Langeweile aufkommen. Sei unternehmungslustig, spontan und überrasche deine Liebste immer mal wieder. Sag ihr, dass du sie liebst. Nimm sie in den Arm. Leb im Augenblick!

Ob eine Beziehung ein ganzes Leben lang hält, kann niemand voraussagen. Diese Beziehungen hatten auf jeden Fall auch ihre Höhen und Tiefen. Sie wurden von beiden bewältigt und können stolz darauf sein, es nochmals geschafft zu haben. Ich habe mir kürzlich im

Fernsehen einen Talk angesehen. Es ging darin wie so oft um das Thema Beziehung zwischen Frau und Mann und um glückliche Partnerschaften. Ein Psychologe war an dieser Runde beteiligt. Seinen Namen weiß ich nicht mehr, aber was er sagte: Angeblich gibt es in unserem Leben nur zwei Mal die Chance dem optimalen Lebenspartner zu begegnen. Er riet deshalb, solche Beziehungen nicht leichtfertig aufs Spiel zu setzen und sich dieser Konstellation bewusst zu sein.

Ich denke, das kann ja wirklich so zutreffen. Gewiss ist, alles Neue kostet Kraft. Egal ob Job oder eine neue Partnerschaft. Allzu viel Kraftverschleiß hältst du nicht durch. Du bist nicht mehr der Jüngste. Mit erreichten 40 geht die Unsicherheit erst richtig los, das ganze Leben steht plötzlich wieder von Grund auf in Frage. Viele Männer bekommen auf einmal Potenzprobleme. Schieben diesen Zustand dem Stress zu, den sie aufgrund ihrer Arbeit haben. Oder der Familie, die zu viel Energie von ihnen abverlangt, die Frau nicht mehr attraktiv genug wäre. Das sind aber nur Ausreden. Und die Idee eine Freundin nebenbei, das ist keine Lösung. Glaub mir, dann fängt der Stress erst richtig an. Du brauchst dann zusätzlich noch ein gutes Gedächtnis. Schließlich musst du häufig Lügen. Damit ruinierst du deine Gesundheit und setzt deine Beziehung aufs Spiel.

Also, wenn du deine Traumfrau gefunden hast, dann tu etwas dafür, dass dir diese Frau nicht wieder davon läuft. Es ist wichtig loslassen zu können, aber wenn du dem richtigen Menschen begegnest, lern festzuhalten. Kämpf für deine Liebe! Und wenn dir eine andere Frau über den Weg läuft, das kommt immer mal wieder vor, dann überleg dir gut, ob du für ein Abenteuer so eine wertvolle Beziehung aufs Spiel setzen willst.

EINE ZWEITE CHANCE

Solltest du in deiner momentanen Beziehung doch fremdgegangen sein, dann stehst du vor der Frage: Werde ich es meiner Frau beichten oder lebe ich damit! Sei dir im Klaren darüber, du kommst am Abend nach Hause, sie erwartet dich mit einem feinen Abendessen, du schaust ihr in die Augen, gibst ihr einen Kuss und kommst direkt von der anderen Frau. Kannst du mit so einer Lüge leben? Für mich ist diese Situation nicht nachvollziehbar und doch gibt es diese täglich in zigtausend Fällen.

Natürlich besteht die Gefahr, dass deine Frau von der anderen erfährt. Das ist manchmal sogar gewollt. Schließlich will dich deine Geliebte vielleicht ganz für sich alleine. Es ist deshalb besser, sie erfährt den Vorfall von dir direkt. Wenn es dir ernst ist und du dir im Klaren bist, dass es wirklich nur ein Ausrutscher war und du künftig treu sein willst, bitte um eine zweite Chance. Wenn du aber nur dein Nest nicht verlieren willst und bei der nächsten Gelegenheit wieder nicht nein sagen kannst, bist du ein Egoist und es nicht wert, dass sich deine Frau länger mit dir einlässt.

Angeblich soll ja kein Mann treu sein, wenn es eine Frau wirklich darauf anlegt. Ich denke jedoch, dass das nicht so ist. Ich bin davon überzeugt, dass es fantastische, treue und liebenswerte Männer gibt und hoffe sehr, du bist einer davon.

WARUM WOLLEN FRAUEN HEIRATEN?

Die meisten denken jetzt vielleicht, das ist doch klar, sie wollen versorgt sein. Das ist aber Unsinn. Das trifft für junge Frauen zu, die an Familienplanung denken. Aber geschiedene Frauen mit meistens großen Kindern, finden heiraten romantisch. Es ist ein komplett anderes Zugehörigkeitsgefühl verheiratet zu sein. Glaub mir, ich kenne den Unterschied genau. Ich habe ja beides erlebt. Aber es gibt auch Frauen, die so schwere Scheidungsschlachten hinter sich haben und nicht mehr ans Heiraten denken.

Früher war die Ehe oftmals ein Zwang. Zusammen in eine Wohnung ohne Trauschein zu ziehen wurde früher als »Wilde Ehe« bezeichnet. Es gab viele Vermieter, die nur an verheirate Paare ihre Wohnung vermieteten. Heute ist heiraten in Deutschland eine freie Entscheidung. Wenn es beide möchten und sie den Mut haben, ist heiraten etwas sehr Schönes. Ob man jedoch einen Ehevertrag macht, nur für den Fall, dass es nicht bis zum Lebensende klappt, sollte auf jeden Fall vorher überlegt werden. Es ist heute nichts Außergewöhnliches mehr.

Ich würde auf jeden Fall nochmals heiraten, wenn der Richtige vor mir steht und um meine Hand anhält. Ich schließe gerade in diesem Moment die Augen und sehe mich am Strand unter Palmen mit engsten Freunden und der Familie. Er nimmt meine Hand und streift mir den Ring über den Finger und flüstert mir leise ins Ohr: »Ich liebe Dich! Schön, dass du da bist«.

Nun ja, ich träume auch gerne!

WAS EINE FRAU SAGT UND WAS
SIE DAMIT MEINT

Was ich immer zu hören bekomme: Die Frauen sind so kompliziert. Sie sagen nie das was sie meinen. Sie tun es in der Erwartung, der Mann würde verstehen, was sie sagen wollen. Die Wahrheit ist, dass der Mann aber meistens nicht schlau wird, was sie will. Er ist somit mit dieser Situation überfordert und es besteht die Möglichkeit, dass das Ganze in Streit ausbricht. Soweit sollte es doch nicht kommen. Deshalb gehe ich auch auf diesen Punkt ein.

Sie vermisst meistens etwas. Das schon mal im Voraus klargestellt!

Was sie sagt und was sie damit meint:

BEREICH HAUSHALT

»Der Mülleimer in der Küche ist randvoll, hast du das auch schon bemerkt?«

Bitte bringe den Müll raus.

»Ich habe erst gestern den Badspiegel geputzt und er sieht heute schon wieder schmutzig aus!« Erläuterung: Ich vermisse die Wertschätzung meiner Hausarbeit. Wieso hast du heute schon wieder den Spiegel verschmutzt. Putz bitte deine verursachten Zahnpasta Spritzer weg. Ich werde ihn erst wieder in einer Woche reinigen. Also pass künftig doch etwas mehr auf.

»Warum bist du mit den schmutzigen Schuhen in die Wohnung gekommen?« Erläuterung: Du hast auf dem sauberen Fußboden schmutzige Spuren hinterlassen. Nimm einen Lappen und wisch den Dreck weg. Zieh künftig die schmutzigen Schuhe aus, bevor du das Haus betrittst.

»Hast du schon gemerkt, dass das Duschwasser in der Duschwanne nicht mehr richtig abläuft?« Erläuterung: Der Abfluss ist verstopft. Du könntest doch auch mal für Abhilfe schaffen.

FREIZEIT

»Wir waren schon lange nicht mehr tanzen!«
Erläuterung: Mir fällt die Decke auf den Kopf
und ich will am Wochenende mit dir tanzen
gehen.

»Früher hatten wir mehr Zeit füreinander!«
Erläuterung: Ich fühle mich vernachlässigt. Alles
andere ist dir wichtiger als ich.

»Was machen wir am nächsten Wochenende?«
Erläuterung: Ich will endlich wieder etwas am
Sonntag unternehmen. Mach dir Gedanken und
überrasch mich mit einem Plan z.B. Ausflug,
Wellness, Sauna oder Essen gehen.

EIGENE PERSÖNLICHKEIT

»Du hast schon lange nicht mehr meinen Namen
gesagt!«

Erläuterung: Ich vermisse deine Wertschätzung. Warum sagst du meinen Namen nicht mehr. Gibt es eine andere?

»Wie findest du meine neue Frisur?«
Erläuterung: Du hast nicht bemerkt, dass ich beim Frisör war. Nimmst du mich eigentlich noch wahr? Mach mir mal ein Kompliment.

»Gefällt dir mein neues Kleid?«
Erläuterung: Ich will dir gefallen. Mach mir ein Kompliment.

»Du hast einen Stoppelbart!«
Erläuterung: Ich würde dich gerne küssen – geh dich rasieren.

GESCHENKE

Sie hat bald Geburtstag und ihr macht einen Stadtbummel. Sie bleibt an einem Schaufenster stehen und betrachtet einen tollen Ring und sagt zu dir: »Schau mal, dieser Ring, der sieht aber toll aus.« <u>Erläuterung:</u> Kauf mir bitte diesen Ring.

Sie teilt dir mit, dass sie ein Kleid in einem Kaufhaus zurücklegen ließ und sie es dir gerne zeigen möchte. Es hätte so toll an ihr ausgesehen.
<u>Erläuterung:</u> Geh mit mir in das Kaufhaus und kauf mir das Kleid. Somit machst du mir eine Freude und kannst sicher sein, dass mir dein Geschenk gefällt.

»Es gibt ein neues Parfum in der Werbung. Ich war heute in der Drogerie. Riech mal, ich habe es mir auf die Hand aufgesprüht. Wie findest du es?«
<u>Erläuterung:</u> Der Duft des Parfums gefällt mir. Kauf es mir bitte zum Geburtstag.

PARTNERSCHAFT

»Bist zu krank oder hast du irgendwelche Probleme? Du bist in letzter Zeit immer müde.« Erläuterung: Dein Wunsch auf Sex oder die Qualität hat nachgelassen. Findest du mich noch attraktiv? Gibt es eine andere? Hast du berufliche Probleme oder Potenzstörungen? Was ist los? Bitte sprich mit mir!

Du kommst am Abend nach Hause und findest deine Lebenspartnerin immer häufiger mit einem Glas Alkohol vor. Sie wird langsam schleichend zur Trinkerin! Sie spricht nicht mehr mit dir.

Erläuterung: Ich liebe dich, aber du beachtest mich nicht mehr. Ich spüre keine Liebe mehr von dir. Ich bin dir gleichgültig geworden und suche Trost im Alkohol, damit ich diese Zeit überstehe.

Mein persönlichen Rat hierzu: Es ist ein Hilferuf an dich! Nimm dieses Signal ernst. Eure Partnerschaft steckt in einer Krise. Überleg dir was du willst. Wenn die Beziehung dir noch wichtig ist, musst du etwas an dir oder deinem Verhalten ändern.

»Ich habe einen netten Mann kennengelernt! Er will mich zum Essen einladen!«
Erläuterung: Ich bin dir egal geworden. Meine vielen Andeutungen hast du nicht beachtet. Wenn du mich weiterhin wie Luft behandelst, bin ich bald nicht mehr da.

Meinen Rat an dieser Stelle: Die Ampel steht auf Rot. Setz jetzt alles in Bewegung. Gib deinen vollen Einsatz, vielleicht kannst du sie dir zurückerobern. Setz meine Ratschläge ein! Ansonsten kannst du ihr beim baldigen Koffer packen zusehen!

»Ich habe dich betrogen!«
Erläuterung: Du hast mich zulange nicht mehr als Frau betrachtet. Du gabst mir keine Wertschätzung, keine Geborgenheit und ich war nur noch ein Gegenstand in der Wohnung. Ein Regenschirm den man aufspannt, wenn es regnet.

<u>Anmerkung:</u> Es gibt zwei Möglichkeiten. Entweder ist es ein Hilferuf an dich. Sie will damit testen, ob du sie noch liebst und zurückerobern willst. Sie will dich somit eifersüchtig machen. Oder sie hat dich aufgegeben und liebt dich nicht mehr. Du kannst den Liebhaber tolerieren oder die Konsequenzen daraus ziehen.

Und noch einen Tipp, wenn sie mal wieder in der Frauensprache spricht:

Frag einfach mal höflich nach, was sie mit ihrer Aussage meint. Mit einem Lächeln, einer Umarmung oder gemütlich bei einem Glas Wein bzw. einer Tasse Kaffee wird sie es dir verraten. Du merkst jetzt vielleicht. So schwer ist es eigentlich nicht zwischen den Zeilen zu lesen.

ICH HABE MEINE FRAU VERLOREN

Du hast das Buch gelesen und wendest meine Ratschläge an. Aber es ist einfach zu spät für eine Fortsetzung deiner Beziehung. Deine Lebensgefährtin in der jetzigen Partnerschaft nimmt dich nicht mehr wahr. Sie hat dich bereits mit dem Herzen verlassen. Also, empfindet für dich nichts mehr oder sie hat sich vielleicht schon in einen anderen Mann verliebt, dann ist es Zeit sich zu trennen. Auch wenn dir das noch so schwer fällt. Du musst die Entscheidung deiner Frau akzeptieren. Wenn du alles mit Liebe versucht hast, es aber einfach zu spät ist, dann besprecht auf sachlicher Ebene wie ihr euch trennt. Wer auszieht und wie ihr euren Hausrat etc. teilt.

Ich rate dir dringend davon ab ihr zu drohen oder gar zu ihrem Arbeitgeber zu gehen und zu versuchen sie dort schlecht zu machen. Das ist das Letzte was du tun kannst. Ober du drohst dem neuen Partner deiner Frau. Vergiss das Wort Rache! Es ist keine Lösung, nur vergeudete Zeit. Umso mehr, wenn ihr gemeinsame Kinder habt, solltet ihr eine Ebene finden, die euch als Eltern ermöglicht, weiterhin Kontakt zu halten. Versuch sie zu verstehen und verzeih ihr. Du hast sie verloren - begreife und verarbeite es. Ich weiß, dass diese Situation nicht leicht für dich ist. Aber jeder Tag bringt dich ein Stückchen zurück zu dir selbst. So wirst du am besten offen für etwas Neues.

Du hast jetzt dieses Buch gelesen. Es wird dir helfen eine neue Liebe zu finden und wieder glücklich zu werden. Somit hast du das Navi zur Traumfrau in deiner Hand und ich begleite dich immer. Wenn du mich brauchst, bin ich für dich da.

DIE GEHEIMEN ERWARTUNGEN
DER AUTORIN AN EINEN PARTNER

Man nehme Mehl, Eier, Backpulver ....
Nein lach - ich werde mir keinen Mann backen!

Die Autorin hat die Männerwelt noch nicht aufgegeben. Ganz im Gegenteil! Die Hoffnung stirbt zuletzt. Ein Mann an meiner Seite braucht soziale Eigenschaften, Herzlichkeit und Wärme. Seine Augen haben Tiefe und in seinen Armen fühle ich mich geborgen. Er ist unternehmungslustig und kommunikativ. Er darf seinen Beruf lieben, er muss jedoch in der Lage sein die gemeinsame freie Zeit mit mir zu genießen. Er sollte leidenschaftlich sein beim Tanzen sowie im Bett. Die Tipps in meinem Buch kennen und anwenden. Diesen Mann würde ich vielleicht sogar heiraten - wenn er um meine Hand anhält.

Du siehst, ich habe klare Vorstellungen - aber diese sind für einen Mann durchaus erreichbar!

POSITIV ZUR TRAUMFRAU FINDEN

Es liegt mir in diesem Buch fern über positives Denken zu schreiben. Es gibt bereits sehr viele Bücher auf dem Markt zu diesem Thema. Nur eines möchte ich kurz erwähnen. Alles was der menschliche Geist erfassen kann, das kann er auch erreichen.

Geh also optimistisch an die Frauensuche heran. Du wirst mit Sicherheit Niederlagen haben, aber dann erwarte ich von dir, dass du nicht aufgibst und in Selbstmitleid verfällst, sondern aufstehst und weitermachst. Als kleinen Trost: Die Frauen müssen auch akzeptieren, dass sie nicht jeden Mann bekommen können. Und auch du machst deine Erfahrungen. Wenn du vielleicht sehr klein bist und deine Auserwählte nur Augen für einen Mann über 1,90m hat, dann kannst du Purzelbäume schlagen und hast trotzdem keine Chance diese Frau für dich zu gewinnen. Zeige Stärke und nimm diese Tatsache ohne große Emotionen hin. Wenn du eine Frau beleidigst, nur weil sie an dir kein Interesse hat, wäre das primitiv. Also mein Tipp: Denke positiv und sage dir, diese Frau war nicht die richtige für mich. Du weißt, gut Ding will Weile haben!

Du wirst deine Traumfrau finden. Wenn du abends in deinem Bett liegst stell dir vor sie kuschelt schon neben dir. Eines Tages wird dieser Traum wahr werden.

WAHRE LIEBE HÄLT GESUND

Eine tolle Tatsache: Eine harmonische Partnerschaft begünstigt ein längeres Leben! Der berufliche Stress wird viel besser verarbeitet. Denn du freust dich auf den Abend. Du weißt, dass eine liebevolle Frau auf dich wartet. Du kannst deine Probleme mit ihr besprechen. Es zeigen sich während des Gesprächs oftmals neue Perspektiven. Genauso solltest du für ihre Belange ein Ohr haben. Ich habe dir in diesem Buch sehr viele Tipps gegeben und ich will mich an dieser Stelle nicht wiederholen. Nur eines erscheint mir aber doch sehr wichtig! Wenn du eine gute, liebenswerte Frau an deiner Seite hast, sieh das nicht als selbstverständlich an. Bleib ihr treu! Pfleg die Beziehung. Mach ihr immer mal wieder ein Kompliment.

Es gibt viele Ratgeber für Frauen - fast immer von Männern geschrieben - in denen uns die Gründe fürs Fremdgehen der Männer verständlich gemacht werden sollen. Wir Frauen sind die Sammlerinnen und die Männer sind nun mal die Jäger. Das sehe ich persönlich als pure Ausrede für Seitensprünge der Männer. Solche Sätze wie »Wir sind eben so – und es ist normal«. Quasi einen Freibrief fürs Fremdgehen! Wenn es nicht so traurig wäre, müsste ich über solchen Schwachsinn lachen. Denn ich denke doch, dass sich die Männer nicht auf die Stufe der Tiere stellen lassen wollen. Der Intellekt eines Mannes sollte durchaus ausreichen um Gut und Böse zu unterscheiden. Und wenn man in einer festen Beziehung ist, dann hat Fremdgehen keinen Platz. Es scheint diesen Männern nicht klar zu sein, dass eine Geliebte und heimliche Treffen mehr Stress für den Körper bedeuten. Besonders das Herzinfarktrisiko steigt an. Außerdem können sich die Männer bei den Geliebten mit Geschlechtskrankheiten anstecken. Das ist eigentlich den eigenen Frauen gegenüber nicht zuzumuten. Also hat der Fremdgeh-Kick einen bitteren Nachgeschmack!

Eine harmonische Beziehung produziert Glückshormone im Körper. Und zärtliche Berührungen, leidenschaftliche Küsse und regelmäßigen Sex lassen uns weniger altern. Das alles sind sehr gute Gründe, dich auf eine wunderbare Bindung ganz und gar einzulassen.

Genau, das wollte ich dir noch sagen! Du musst dich auf die Beziehung wirklich einlassen. Denk nicht, es könnte vielleicht irgendwo, irgendwann, irgendwie dir eine andere Frau über den Weg laufen, und die ist dann doch interessanter als die, welche du jetzt gerade »zur Verfügung« hast. Du denkst, ich lasse mal vorsichtshalber eine Tür für weitere Kandidatinnen offen. Hier rate ich dir, vergiss diesen

Gedanken ganz schnell. Deine Traumfrau könnte ja auch auf diese Idee kommen! Also lass dich ganz auf die Beziehung ein. Dann hat sie wirklich eine Chance. Und jede neue Bindung braucht Chancen.

Es lohnt sich auf jeden Fall eine glückliche Zweisamkeit zu pflegen. Also, wenn deine persönliche Traumfrau in dein Leben gekommen ist, ihr beide euch über das Kennenlernen hinaus immer noch anziehend findet und liebt, dann schätzt euer Zusammensein.

DU HAST DEIN ZIEL ERREICHT!

HILFE - ICH HABE MICH IN MEINE TRAUMFRAU VERLIEBT

Du glaubst die richtige Frau soeben gefunden zu haben. Du stellst unheimlich viele Gemeinsamkeiten fest. Du willst sie ständig in deiner Nähe haben. Ist sie mal nicht bei dir, denkst du an sie, schreibst ihr Gedichte, schickst ihr SMS und sagst ihr wie sehr du sie vermisst. Schenkst ihr Rosen und hängst ihr eine tolle Liebeserklärung daran. Dein Puls geht schneller, sobald du sie siehst. Bei der Arbeit schweifen deine Gedanken immer wieder zu ihr. Du wendest die Tipps aus meinem Buch an. Deine Traumfrau ist von dir begeistert.

Männern passiert es durchaus, dass sie sich regelrecht von 0 auf 100 in eine Frau verlieben. Wir Frauen hingegen sind vorsichtiger geworden. Weil wir die Erfahrung gemacht haben, dass Männer sehr schnell das Interesse an der neu geschaffenen Beziehung verlieren. Das heißt, wir verlieben uns langsam, dafür aber stetig täglich etwas mehr. Überwiegen die Gemeinsamkeiten, hat die Beziehung eine wirklich realistische Chance, wenn du nach ersten Anfangsschwierigkeiten nicht gleich davon läufst. Vielmehr solltet ihr von Anfang an immer über alles reden. Manchmal sind es die Kleinigkeiten, die man ansonsten zu einem unüberwindbaren Berg aufschüttet. Schließlich muss man sich erst kennenlernen. Eventuell bekommst du auch plötzlich Angst. Alles ist momentan so schön mit deiner neuen Traumfrau an deiner Seite und du hast die Befürchtung, sie geht wieder aus deinem Leben oder du findest die Beziehung selbst zu eng. Willst vielleicht wieder alleine sein? Aber genau das hattest du doch die ganze Zeit. Du willst doch eine Partnerschaft. Also mach dir das bewusst. Gib nicht gleich auf. Ich sehe eine neue Beziehung wie zwei Zahnräder die noch nicht ineinander passen. Sie müssen zuerst angepasst und nachgeschliffen werden, bis diese so greifen, dass etwas bewegt werden kann.

Bekomm jetzt also keine Panik, gib deinen Gefühlen und deiner neuen Liebe etwas Zeit. Deine neue Partnerin an deiner Seite spürt deine Veränderung, wenn du dich zurückziehst. Das ist für eine Frau ein sehr schmerzvoller Zustand. Sie weiß nicht mehr deine Gefühle einzuordnen. Ihr Bauchgefühl sagt ihr, da stimmt etwas nicht mehr. Aber hat nicht wirklich eine Erklärung für dein Verhalten. Also beruhig dich wieder. Jeden Tag kannst du wieder etwas Neues an deiner Liebe entdecken. Und Fehler und Anpassungs-schwierigkeiten solltest du nicht zu hoch be-werten. Zeig Verständnis, wenn sie nicht gleich so reagiert, wie du dir das vorgestellt hast. Es kann durchaus sein, dass sich deine Prinzessin erst nach drei bis vier Wochen richtig in dich verliebt. Du hingegen hast das Gefühl bereits seit Anfang an. Du fühlst dich wie ein Prinz, kämpfst um sie und willst unbedingt ihr Herz erobern. Darin siehst du zuerst mal deine Aufgabe. Und wenn sie sich dann tatsächlich in dich verliebt hat, genauso wie du es von Anfang an wolltest, dann stellst du fest, ich habe mein Ziel erreicht. Ich habe es geschafft. Sie liebt mich! Du freust dich und du bekommst gleichzeitig Angst. Du verstehst deine eigenen Gefühle nicht mehr, bist verwirrt und glaubst, erst wieder klare Gedanken fassen zu können, wenn du wieder alleine bist. Du bist in einem Rausch der Gefühle und hast die Befürchtung, die Kontrolle über dich selbst zu verlieren. An dieser Stelle machen viele Männer, für die Frauen ohne erkennbaren Grund, Schluss. Das mag durchaus auch der Grund sein, warum wir Frauen solange wie möglich einen kühlen Kopf behalten wollen. Wir haben Angst erneut verletzt zu werden.

Ich habe dich jetzt auf diesen Zustand hingewiesen. Du weißt, dass dir Zweifel kommen können, deine Gefühle dir Angst machen und du alles in Frage stellst. Kommst du in diese Situation, dann vertraue mir bitte. Halte durch! Vielleicht bist du in allem etwas zu schnell gewesen. Du fährst bereits im vierten Gang. Schalte einen Gang runter. Wenn du diese

Anfangszeit überstehst, dann schaffst du die Voraussetzung für eine wunderbare Zweisamkeit. Du wirst beginnen, das Verliebt sein in wirkliche Liebe zu verwandeln.

Denk an die Tipps in deinem Navi und wende sie an. Du hast dein Ziel erreicht und es kommt die Zeit einer tollen Partnerschaft. Also, es hat sich gelohnt nicht aufzugeben!

Und außerdem, weil Sex mit der Traumfrau mehr Spaß macht und Zweisamkeit dein Leben verlängert. Das sind doch wunderbare Gründe! Stimmt's? In diesem Sinne wünsche ich dir das Beste!

SCHLUSSWORT

Mein lieber Freund, schön dass du bis zum Ende des Buches gelesen hast. Ich habe bewusst meine Informationen an dich so kurz wie möglich gehalten. Denn ich weiß, viele Männer wollen eigentlich keine Bücher lesen und wenn, dann sollte es eine überschaubare Zeit sein in der ein Buch gelesen werden kann. Das habe ich hiermit getan.

Ich wünsche dir eine tolle Traumfrau, die auch wirklich zu dir passt. Wenn du meine Tipps befolgst glaub mir, der Erfolg wird sich einstellen. Sei bereit zu fühlen, zu lieben und dich ganz auf deine Traumfrau einzulassen. Sie schaut dir in die Augen und fühlt deine Liebe, spürt deine Gefühle. Dann wird auch sie dich sehr glücklich machen. Jeder Tag ist kostbar. Dein Leben ist endlich. Also, worauf wartest du? Die Zeit ist reif für Zweisamkeit mit deiner persönlichen Traumfrau. Ich wünsche dir auf deiner Reise ans Ziel Kraft, Mut und die

Fähigkeit Gefühle im Augenblick zu leben. Dein Leben wird sich verändern. Dein Traum wird wahr! Ich glaube an dich. Schön, dass es dich gibt :)

Alles Gute, eine wunderschöne Zeit und viel Erfolg bei den Frauen.

Mit den besten Wünschen

Yvonne Kandziora

Sehr gerne kannst du mich für Fragen und Anregungen kontaktieren. Ich freue mich auch über Erfahrungsberichte und wie du deine ganz persönliche Traumfrau gefunden hast. Besuch mich auf meiner Homepage. Du kannst mir dort eine persönliche Nachricht zukommen lassen. Ich melde mich auf jeden Fall bei dir!

Natürlich würde ich mich auch über ein Feedback in Form einer Buchrezension auf Amazon freuen. Vielen Dank im Voraus.

Meine Homepage:
www.yvonne-kandziora.de

Meine Facebook-Seite:
www.facebook.com/Autorin.
Yvonne.Kandziora

Meine Email:
mail@yvonne-kandziora.de

DANKE

Ich habe dieses Buch von der Idee in die Realität umgesetzt. Es war nicht immer einfach. Aber ich hatte meine Tochter und liebe Menschen an meiner Seite, die an mich geglaubt haben und mich bei der Umsetzung meines Werkes unterstützten.

Deshalb bedanke ich mich ganz herzlich bei:

Sissi, meiner liebevollen Tochter. Sie ist meine Grafik- und Webdesignerin und freut sich mit mir diesen Ratgeber zu veröffentlichen. Sissi ist der wichtigste Mensch in meinem Leben.

Mutter Elisabeth, ohne sie wäre ich nicht auf dieser wunderbaren Welt

Dr. Claus Schley, er war von meinem Konzept von Anfang an begeistert. Er gab mir den Mut und die Chance, meine Idee Wirklichkeit werden zu lassen.

Christian Warth, er hat mich mit seiner SMS auf die Idee des Buchtitels gebracht

Evelyn Unterseh, sie hat mein Buch Korrektur gelesen

Heidi, Edel, Gabi, Martina und Fanny – meine Freundinnen - für die moralische Unterstützung, wenn ich mal wieder an mir selbst gezweifelt habe

Tom, meinem Schutzengel

Und einen besonderen Dank an alle, die mich bei meinen Recherchen unterstützt haben. Ich war manchmal recht neugierig. Nachdem ich jedoch von meinem geplanten Buch berichtete, waren fast alle bereit, meine manchmal auch sehr intimen Fragen zu beantworten.

Dein Navi ist nun
programmiert!

Starte deine Suche.

Es ist der direkte Weg
ins Glück!